新时代教师教育系列丛书

丛书主编：李德方　狄阳群

怎样写文章

学术论文写作项目化教程

主　编　李德方

副主编　俞　冰　张长英　孙　杰

苏州大学出版社

Soochow University Press

图书在版编目（CIP）数据

怎样写文章：学术论文写作项目化教程 / 李德方主编．—苏州：苏州大学出版社，2020. 10（2021. 4 重印）
（新时代教师教育系列丛书 / 李德方，狄阳群主编）

ISBN 978-7-5672-3351-5

Ⅰ. ①怎… Ⅱ. ①李… Ⅲ. ①论文-写作-教材 Ⅳ. ①H152. 3

中国版本图书馆 CIP 数据核字（2020）第 193894 号

书　　名： 怎样写文章——学术论文写作项目化教程
ZENYANG XIE WENZHANG
——XUESHU LUNWEN XIEZUO XIANGMUHUA JIAOCHENG

主　　编： 李德方
责任编辑： 刘诗能
装帧设计： 吴　钰

出版发行： 苏州大学出版社（Soochow University Press）
社　　址： 苏州市十梓街 1 号　邮编：215006
网　　址： www. sudapress. com
邮　　箱： sdcbs@ suda. edu. cn
印　　装： 苏州工业园区美柯乐制版印务有限责任公司
邮购热线： 0512-67480030　**销售热线：** 0512-67481020
网店地址： https：//szdxcbs. tmall. com/（天猫旗舰店）

开　　本： 710 mm×1 000 mm　1/16　**印张：** 12　**字数：** 203 千
版　　次： 2020 年 10 月第 1 版
印　　次： 2021 年 4 月第 2 次修订印刷
书　　号： ISBN 978-7-5672-3351-5
定　　价： 50. 00 元

总 序

国之大计，教育为本；教育大计，教师为本。中国素有尊师重教传统，两千多年前创办私学、授徒传道的孔子一直被后人尊崇为“圣人”和“万世师表”就是一个典型。中国的学校教育也有几千年的漫长历史，早在公元前 21 世纪的夏朝就有了类似今天的学校教育机构。现代意义的学校则出现在 19 世纪 60 年代，当时孱弱的旧中国被迫打开国门学习西方，开办有外语学校、军事学校和职业技术学校等，试图“师夷长技以制夷”。有了学校当然就需要教师，1896 年来自江苏常州的洋务派代表人物盛宣怀筹办南洋公学，开启了中国师范教育的先河。

随着新中国的成立，中国师范教育焕发了新生、实现了转型。1957 年毛泽东同志在《关于正确处理人民内部矛盾的问题》一文中明确提出：“我们的教育方针，应该使受教育者在德育、智育、体育几方面都得到发展，成为有社会主义觉悟的有文化的劳动者。”在办学思想上，坚持以马克思主义为指导，提倡教育与劳动相结合，并依此建立起相对独立的师范教育体系，以培养新中国建设和发展所需师资。改革开放后，随着以经济建设为中心的国家战略转移，迫切需要一大批高素质的劳动者和建设者，教育尤其是教师教育的重要性凸显出来，尊师重教的优良传统得以回归，特别是中国特色社会主义进入新时代，教师队伍建设被党和政府视为做好教育工作的“根本性民生工程”，社会各界对教师培养、专业发展和素质提升提出了新的期望和要求，新时代呼唤新的教师教育。

2018 年，中共中央、国务院颁布《中共中央国务院关于全面深化新时代教师队伍建设改革的意见》，这是新中国成立后第一次以党中央、国务院名义颁发的教师队伍建设文件。根据这份纲领性文件，教育部等五部门出台了《教师教育振兴行动计划（2018—2022 年）》，反映了党和国家对教师教育的高度重视。2019 年《中国教育现代化 2035》进一步明确了要“健全以师范院校为主体、高水平非师范院校参与、优质中小学（幼儿园）为实践基地的开放、协同、联动的中国特色教师教育体系”，旨在培养有理想信念、有道德情操、有扎实学识、有仁爱之心的“四有”好教师，奏响了新时代教师教育发展的新乐章，标志着我国教师教育进入了新时期。

江苏理工学院创办于1984年，是长三角地区唯一以培养职教师资为主要职责的省属普通本科院校，也是一所地地道道的师范院校——不仅培养了大批以既懂理论又会实践的“双能型”教师为主要特征的职业学校师资，而且主动顺应所在区域基础教育师资需求，厚植“双师”培养基因，培养以小学语文、数学学科教师为代表的基础教育师资，为江苏及长三角地区的教师队伍输送人才。

在多年的教师教育实践中，我们深切地感受到，优秀人才的培养离不开卓越的培养理念、优秀的教师、优良的教材、齐全的设施以及适切的教法，此外就是对教育保持热情和持续研究——因为教育既是一项永恒的道德事业，同时又是一项无时不在变化的创造性工作。上述必要却不一定充分的优秀师资人才培养条件一方面可以部分“拿来”，另一方面也可以有效“借鉴”，但更为关键的则是需要我们每一个从事教师教育工作的主体去创新创造。21世纪教育研究院有个口号是“教育因你而改变”，“在全球化和互联网的时代，教育的场域正在迅速扩大，‘学校在窗外’已经成为一个共识”。本着这样的思考，我校教师教育学院筹划编撰“新时代教师教育系列丛书”，计划在三年时间内，每年出版几本学院教师研究和思考教师教育的著作和教材，其中首批出版的有李德方研究员主编的旨在帮助师范生和有志于教育者以及正在从事教育工作的人士了解学术论文基本特征并掌握其写作方法和技巧的著作《怎样写文章——学术论文写作项目化教程》、杜秀花教授的以提高小学双语教师的双语教育理论修养和实践能力为目标的著作《小学双语教育原理与实践》，以及邢敏村副教授研究如何帮助师范生快速提高书写技能的著作《怎样练字更有效》等。这些著作的出版一方面将有助于增添教师教育的资源，丰富教育教学的内容；另一方面有助于著作者求教方家、提升自我，进而搭建起与国内同行和研究者们进行交流联系的桥梁，共同为新时代我国教师教育的改革和发展贡献一份力量。

是为序。

朱林生

2020年8月于中吴正德楼

目 录

项目一　写作及其要素

任务引入

小赵、小钱和小孙是某高校小学教育专业大学二年级学生，他们选修了“论文写作基础”课程，于是跟着老师一起开始了学习学术论文写作之旅。

学习目标

1. 了解什么是写作
2. 写作有哪些主要作用
3. 写作的特性是什么
4. 写作的要素有哪些
5. 写作的过程及其实质

具体内容如图 1-1 所示。

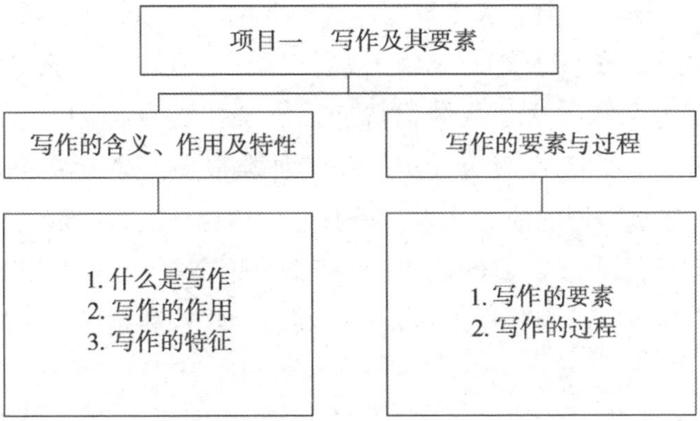

图 1-1　项目一内容结构图

任务一　写作的含义、作用及特性

一、什么是写作

谈到写作，估计人人都知道是怎么回事，但大多数人往往又道不明白。这主要是因为写作看似简单，实则是一件非常复杂的系统工程。诗圣杜甫曾说“文章千古事，得失寸心知”，说的是写作的不易，创作中的成败甘苦，唯有作者自己心里明白；古谚语“文章自古无凭据，惟要朱衣暗点头”，指的是写作难有统一的标准，同样一篇文章，有的人说好，有的人说不好，此所谓仁者见仁、智者见智。西方现代主义文学先驱、奥地利著名作家弗兰兹·卡夫卡认为：“写作就是把自己心中的一切都敞开，直到不能再敞开为止。写作也就是绝对的坦白，没有丝毫的隐瞒，也就是把整个身心都贯注在里面。”① 说的是写作需要真诚而专注。

那究竟什么是写作呢？《现代汉语词典》（第7版）上这样解释：写作，动词，指写文章，有时专指文学创作。从字面上看，写作除了作为动词外，也可理解为一个动宾语词，由动词“写”与名词“作”组合而成，其中“写”就是撰写之意，“作”就是作品、文章、稿子。因此通俗地讲，写作就是写文章、写稿子，有时也称创作，即写出或创造新的作品。

以上基于词典和字面的解释固然比较简洁明了，但如果再从现实的视角来分析的话，写作又似乎不仅如此。比如某同学有一天因为生病不能去上课需要写一个请假条，那这个活动算不算写作呢？要回答这个问题，就要分析一下这位同学写的请假条算不算文章、稿子或者作品。《辞海》中通称独立成篇的、有组织的文字为文章。这是从结构特征来定义“文章”的。按照这个定义，请假条显然属于“文章”。事实上，文章的种类很多，除了像请假条这样着眼于传递信息、注重实用的应用文外，还有抒情达意、记事明理的文学作品，以及呈现科学研究发现、表达研究者观点的学术论文等。由此可知，所谓写作，是指从事写作的人，运用写作工具，根据特定的规范和要求来从事文章或作品生产的活动。

---

① 赵爱英．如何修炼写作内功［EB/OL］．http：//www.cqvip.com/QK/88645A/201211/43468860.html.

二、写作的作用

三国时期的政治家、文学家曹丕在《典论·论文》中有“盖文章，经国之大业，不朽之盛事”① 的述论，意思是说文章乃治理国家的重大事业，是流传万代的不朽之事。文学巨匠鲁迅先生也曾说过，“故文章之于人生，其为用决不次于衣食，宫室，宗教，道德”。② 可见文章的作用是巨大的，写作也是十分重要的。诚如著名诗人臧克家所说：“写作，用途宽广，人人离不开它。”③

（一）写作有利于人们的日常生活和工作事业

由于社会进步和科技发展，现代社会人与人之间的交流方式和工作行为已经发生了巨大的变化，过去那种专属于上层统治阶级和文人墨客的写作活动已经被大众化写作取代，通信工具的更新换代又使得人们的写作方式便利化、多样化。从普通民众之间的短信、微信和 QQ 的信息传递、情感表达，到同事之间、部门之间和生意伙伴之间的电子邮件、传真资料和合同文本的往来、传递，“无论私人空间还是公共空间，整个社会都在文书化信息的基础上运转着”④，这些变化带来的是写作要求的提升，可以说社会对人们写作能力的较高要求从未像今天这样迫切和普遍。而小至一个简单的问候语，不同写作能力的人所呈现出来的效果都会不同，被问候者所获得的内心体验和感受也会不一样，更何况事关工作成效和事业发展的公文报告、商务函件和研究论文等，其质量水准将直接关涉办事成败、效果大小和发展结果。余秋雨说：“……如果学会了很好的写作技能的话，实际上就学会了一种很好的与人沟通的方式，学会了一种和世界对话的方式——这是健康人生的重要开端。”⑤ 或许正是基于上述原因，清华大学校长邱勇曾宣布，在 2018 级新生中开设“写作与沟通”必修课程。据介绍，该校成立了专门的教学机构，组建了不少于 25 名教学系列专职教师的教学队伍，并鼓励各院系不同专业背景的教师共同参与授课。课

① 转引自骐骏．小议文案写作［EB/OL］．http：//blog. sina. com. cn/s/blog_ 60ff99a60102xmgd. html.

② 转引自张明．大学写作基础［M］．西安：西安交通大学出版社，2017：2.

③ 转引自张明．大学写作基础［M］．西安：西安交通大学出版社，2017：4.

④ ［日］斋藤孝．写作全技术［M］．程亮，译．南昌：江西人民出版社，2018：44.

⑤ 名人谈写作［EB/OL］．https：www. sohu. com/a/243148646_ 799602.

程采取小班讨论的授课方式，每班 15 人左右。清华大学培养和增强学生写作能力的决心，可见一斑。① 无独有偶，近日互联网巨头腾讯公司在社会上公开招聘“政府及公共事务高级经理”和“高级舆情研究员”，从招聘启事中我们可以看到这两个不同岗位的工作要求有一个共同点，就是“具备良好的文字撰写功底（能力）”，简单地说就是要会写文章。其实这样的情况现在已经非常普遍，因为“当今社会对人才的要求除了细分领域的专业技术知识外，还要有能用通俗语言表达专业知识的能力，也就是撰写行业报告的能力”②。

（二）写作有利于人们的思维训练和提升

从某种程度上而言，“人之所以成为人、使人类得以建立全然不同于其他动物的高度文明的，正是高度的思考能力”③，也就是思维能力。所谓思维是指人脑对客观事物间接的、概括的反映。从内容来看，思维包括直观动作思维、具体形象思维和抽象逻辑思维；从指向性来看，思维分为聚合思维和发散思维；从创新性程度来看，思维分为常规思维和创造性思维等。无论是何种思维，都反映人们发现事物内部联系和规律的能力，而写作正是锻炼人们思考能力，增强思维的缜密性和深刻性的有效手段。可以说，没有丰富的知识和深刻的思考就不会有富有哲理的、逻辑严谨的、条理清晰的文章，因为写作也是一种“语言”表达，是作者自己与自己、与他人的思想交流和心灵对话。著名作家、语言学家林语堂曾说，人并非由于思考而说话，而是因为需要说话，因为需要安排字句而思考。思想只不过是用来解释话语罢了。也就是说，写作活动正是人们为了表达内心思想、传递相关信息以及抒发情感而产生的。

写作的过程就是复杂的思维过程，可以说作者写出的每一个字词和句段都离不开思维的参与。历史上曾有这么一个典故，说的是唐朝著名诗人贾岛因为作诗过于投入而骑驴闯了官道。据说当时他刚刚写了一首《题李凝幽居》诗，内容是“闲居少邻并，草径入荒园。鸟宿池边树，僧推（后改为“敲”）月下门。过桥分野色，移石动云根。暂去还来此，幽期不负言”。其中有一个字

---

① 必修课！“写作与沟通”不再微不足道［EB/OL］. https：baijiahao. baidu. com/s？id=1601096578753771617&wfr=spider&for=pc.

② 腾讯招聘要求告诉我们，这个社会开始在惩罚写作能力不足的人［EB/OL］. http：//mini. eastday. com/a/180711041229134. html.

③ ［日］斋藤孝．写作全技术［M］. 程亮，译．南昌：江西人民出版社，2018：13.

一时拿不定主意，那就是第四句“僧推月下门”中的“推”字。他再三思考后觉着“推”字不太合适，不如“敲”字好，嘴里就一直“推敲推敲”地念叨着。不知不觉就骑着驴闯进了韩愈的仪仗队里。韩愈问贾岛为什么乱闯，贾岛就把情况做了说明，还把自己做的那首诗念给韩愈听，同时把对其中一个字到底是用“推”好，还是用“敲”好的犹疑说了一遍。韩愈听了，对贾岛说：“我看还是用‘敲’好，去别人家，又是晚上，还是敲门有礼貌呀！而且一个‘敲’字，使更深夜静之时，多了几分声响。再说，读起来也响亮些。”贾岛听了连连点头。他这回不但没受处罚，还和韩愈交上了朋友。从此“推敲”也就成了中国人的一个常用词，用来比喻做文章或做事时，反复琢磨、斟酌。其实不仅仅作诗需要如此斟酌，写任何文章都需要认真思考。从主题的确立、素材的选取到结构的安排等，每一个环节都是对作者知识和能力的考验。通过多次反复的写作实践，作者的思维能力也会相应得到增强。

（三）写作有利于促进社会进步和科技发展

历史表明，人类的写作活动先于文字产生。在远古时代，人们通过结绳记事的方式传递信息、推动发展，直至今天，写作活动变得多样化、大众化与普及化。可以说正是得益于先贤们的写作活动，传统文化才得以保存，人类文明才得以延续，社会才得以发展。美国当代著名作家乔伊斯·卡罗尔·奥茨曾说：“我写作是为了改变我们这个时代人们的思想意识，哪怕只是微小的改变：密切人与人之间的关系（这只有作家才能做到）；丰富我们的灿烂的语言；描写娱乐和战争。可以说，写作是同我们时代最不吐露真情、最陌生的人们进行对话的亲密方式。”① 特别是随着近代以来大量学术论文的写作和发表，以文字为载体的科学发现、学术思想和研究方法等得以在更为广泛的空间和区域传播，有力地推动了科学研究活动的开展和科学技术的进步。正如萧伯纳所说：“你有一个苹果，我有一个苹果，彼此交换一下，我们仍然是各有一个苹果；但你有一种思想，我有一种思想，彼此交换，我们就都有了两种思想，甚至更多。”②

---

① 宗关．十作家谈为什么要写作［EB/OL］．http：//www.jczkpt.cn/ydsdml/7119.jhtml？type=read&readid=6855.

② 名言通［EB/OL］．https：//www.mingyantong.com/ju/5192043.

三、写作的特性

（一）实践性

实践性是写作的第一属性，没有实践也就没有写作，当然也就不会有写作的成果——文章。写作的实践性主要表现为三个方面。第一，写作过程既是用脑的过程，也是动手的过程，两者相辅相成，缺一不可。生产精神产品的写作过程，需要作者付出脑力劳动——构思、酝酿、内化，直至进入可以表达的临界状态。伴随着表达临界点的到来，此时作者需要及时用写作工具将脑力劳动的结晶用文字呈现出来，即用笔墨“写”出来或用键盘“敲”出来。正如英国侦探作家詹姆斯所说：“只有靠实实在在地写，而不是做写作的白日梦，我们才能培养出我们自己的风格。”① 第二，写作固然需要理论知识，包括语言学的系统知识、写作的程序性知识和人文社会科学的综合知识等，但写作更需要作者投身社会实践、体验社会生活、丰富社会阅历，因为生活是写作的源泉。诚如叶圣陶先生所说：“生活犹如泉源，文章犹如溪水，泉源丰盈而不枯竭，溪水自然活泼泼地流个不歇。”“作文这件事离不开生活，生活充实到什么程度，才会做成什么文字。”② 第三，写作的实践性还体现为需要我们不断地加以练习。中国人民大学出版社曾经出版了我国系统引进的第一套国外创意写作成果丛书“创意写作书系”，其中有两本书是《开始写吧！——虚构文学创作》《开始写吧！——非虚构文学创作》。从书名就可以看出，无论对于虚构文学创作还是对于非虚构文学创作，或者其他体裁的写作，即时的实践和练习都是十分重要的。从某种程度上而言，从事写作，就像农民种田、工人做工一样，都是一种熟能生巧的技能，只要坚持，其实掌握起来并不难。写作本身也是一种童子功，要从小练起。最好的方法是在中学阶段就坚持写日记，养成动笔的习惯。进入大学，读书的时候一定要做笔记，不动笔墨不看书，以此锻炼写作能力。③

---

① 如何提高写作能力［EB/OL］. http：//www.360doc.com/content/19/0116/16/32649950_809263137.shtml.

② 转引自金海燕．以生活为源泉，捕捉习作的精彩［EB/OL］. https：//www.cnki.com.cn/Article/CJFDTotal-XIJK201233042.htm.

③ 陈兴良．论文写作：一个写作者的讲述［J］. 中外法学，2015（1）：15-16.

（二）创造性

创造性是写作的根本属性。由前述可知，写作是一个创作精神产品——文章或作品的过程，是一个从无到有、从有到优的过程，或许正因为如此，文学作品的写作有时也称为创作。有人可能会有疑问，应用类文体是不是例外呢？比如请假条的写作就不一定有创造性，因为请假条有比较固定的格式，只要照葫芦画瓢就可以了。其实不然，请假条虽然有固定格式，但这只能说明请假条这类应用文体比较规范、比较成熟，相应地也就比较好写一些，并不能否认每一个独立的个体在因事因病写请假条时，都会根据各自的情况写出属于自己的请假条的事实。显然这个请假条的写作过程也是一个从无到有的过程，同样也是创造。况且请假条尽管格式大体相同，但内容事项、时间日期和具名落款等一定是因人而异的。学术论文的写作，无疑也是一样。

写作的创造性还表现为写作需要创新。以发表高层次学术论文著称的*Nature*认为，创新是科研成果新颖、引人注意（出人意料或令人吃惊），而且这种科研成果看来在该领域之外具有广泛的意义。也就是说，无论是报道一项突出的发现，还是某一重要问题研究的实质性进展的第一手报告，均应使其他领域的科学家感兴趣。同样，科技领域的另一个名刊*Science*则认为创新是指对自然或理论提出新见解，而不是对已有研究结论的再次论证，内容激动人心并富有启发性。① 从这样的标准出发，我们不难得出，学术论文写作的创新要求体现为：第一，从观点、题目到材料直至论证方法全是新的。就是在新的领域或者新的方向上取得突破，找到新的出路的一类论文。这类论文写好了，价值较高，社会影响也大，但写作难度大。第二，以新的材料论证旧的课题，提出新的或部分新的观点、看法。这类论文是通过新的内容去论证旧的课题，并从中提出自己的新观点，所以在撰写的时候，更应该以自己的新观点为主。第三，从新的角度或以新的研究方法重做已有的课题，从而提出全新或部分新的观点。这类论文的撰写十分考验作者对于已有课题的了解程度，只有在十分熟悉课题的情况下，才能发现新的视角。② 概而言之，学术论文写作的创新就是

① 撰写科技论文格式［EB/OL］. https：//wenku. baidu. com/view/8cc5749f3d1ec5da50e2524de518964bce84d2c9. html.

② 写作中的创新到底该怎么做？［EB/OL］. http：//www. cjmn. net/article/content/view？id=7501.

方法新、材料新或者观点新，抑或是三者兼而有之。

（三）独特性

独特性主要体现在以下三个方面：

一是写作的过程是独特的。这个过程主要是指作者运用思维进行加工的内在精神活动过程。正如世界上没有完全相同的两片树叶一样，人间应该也不会有两个思维相同的作者。“人是自为地存在着的存在物，是有意识的、自由的类存在物”，全面发展的个人“应该是独立自主、自由自觉和创造性充分发挥的个人”。①

二是写作的方法是独特的。正是由于作者的个体性特征，他们在写作时才会根据自身的实际情况多样化地从事着各自的写作。心理学大师弗洛伊德的曾孙女艾莎·弗洛伊德（Esther Freud）就曾谈道：“找出你一天中的最佳写作时段去写作。别让任何事打扰你，厨房乱不乱根本不关你的事。”②《环球科学》专栏作家玛丽·麦肯纳（Maryn McKenna）则这样说：“把你平时的笔记、素材好好整理出一个有条理的主题，然后要继续更新补充（如果你是摘抄好的素材，就必须从中学到什么，不能一味地抄，要让自己有长进）；要相信自己，即使别人的话题再好，被人用过的，就不要再写了。在你写作的时候，不免会有人提供一些好的解决问题的点子。这时，只要这些点子能帮你解决问题，就需要去试试，除非以下情况：（1）已经知晓并且自己已经在用的；（2）没有实际效果，时间也不允许的。”③ 被认为是当代英语小说界的最高奖项，同时也是世界文坛上影响最大的文学大奖之一的布克奖得主希拉里·曼特尔（Hilary Mantel）曾这样建议：“如果你写作受阻，那就离开你的桌子。去散个步，洗个澡，睡一觉，做个派，听听音乐，冥想，做运动；无论你做什么，都别死盯着问题。但不要打电话或者去聚会，如果这样的话，别人说的话或多或少会影响你，自己要有所取舍，为自己创造些空间。”④ 由此不难看出，写作的方法和过程是因人而异的，或许“文无定法”才是写作方法的真实

① 罗苹．马克思的个体自主性思想［N］．光明日报，2015-8-26.

② 25位名家写作心得［EB/OL］．https：//www. jianshu. com/p/8a4473b435cd?

③ 小说故事情节怎么展开？［EB/OL］．https：//zhidao. baidu. com/question/807895502726356932. html.

④ 让我们的文字从优秀走向精致［EB/OL］．http：//www. 360doc. com/content/13/1014/15/9774604_321393558. shtml.

写照。

三是写作的结果是独特的，即产出的文章是不一样的。从类型看，文章有应用类、文学类和学术类，其中的每一个类别也都有各自不同的小类，比如应用类文章有请假条、留言条、求职书等，文学类文章有小说、诗歌、散文等，学术类文章有人文社会科学论文和自然科学论文。毋庸赘言，由此写出的同类文体的文章又都是不同的。与之相反，近年来为社会所诟病的国内社科界存在的重视文章数量而忽视文章质量的现象，乃至有人说“天下文章一大抄”，其实质就是独特性和创新性不够的表现。

任务二　写作的要素与过程

一、写作的要素

要素是指构成事物的必要因素。构成写作的基本要素有以下几个。

（一）作者

在传统上，作者就是指写作的人，也称为写作主体。当然，信息社会的情况也有例外，随着人工智能的进步，现实中也有了并不是由传统的人写作的作品，机器或者说电脑也可以从事写作活动。如出版于 2017 年 5 月的《阳光失了玻璃窗》这本诗作，就是人类历史上第一部 100%由人工智能创造的诗集。其作者是夏语冰，也称微软小冰，它是一个人工智能机器人。《阳光失了玻璃窗》就是从它创作的几万首现代诗中精心挑选出 139 首诗作组成的诗集。因此，称作者为生产文章或作品的人或物或许更为妥当。学术论文的作者，往往也是从事研究的学者或专业从业者。

对于写作而言，作者无疑是最为关键的要素。从写作起始的“写什么”，到写作过程的“怎么写”以及写作产品的文章“写得怎么样”等每一个环节，作者都起到主导和核心作用。事实上，每一部优秀的作品都有一个伟大的灵魂，伟大的灵魂源于它蕴含的伟大的思想，而这一思想源于其背后的作者。曹雪芹的《红楼梦》描绘了上至皇宫、下及乡村的广阔历史画面，塑造了众多的人物形象，广泛而深刻地反映了封建末世复杂深刻的矛盾冲突，“它像生活和自然本身那样丰富、复杂，而且天然浑成”，成为不朽的艺术典型，在中国文学史和世界文学史上闪耀着奇光异彩；司马迁的《史记》，让我们知道了王侯将相兴衰之道和先哲圣贤治世之方；被誉为“东方药学巨典”的《本草纲目》，在让无数黎民百姓远离疾病困扰的同时，也让后世记住了李时珍的名讳；进化论的奠基人达尔文的《物种起源》，第一次把生物学建立在科学的基础上，以全新的生物进化思想推翻了“神创论”和“物种不变”的理论，对人类发展进程产生了深远影响；马克思、恩格斯的《共产党宣言》，成了全世界劳动人民为实现共产主义理想而进行斗争的理论武器和行动指南。

（二）写作工具

写作工具就是指用来写作的物件和器具。从某种程度上而言，写作工具的变迁史就是一部人类进步的发展史。根据文献记载，早在远古时代，人们为了把本部落的风俗传统和传说以及重大事件记录下来并流传下去，便用不同粗细的绳子，在上面结成不同距离、不同大小的结，每种结法、距离大小以及绳子粗细则表示不同的意思。马克思在他的《摩尔根〈古代社会〉一书摘要》中，也曾说明，印第安人的记事之绳是一种用各色贝珠穿成的绳带。书中记载道：由红、白色贝壳珠所串成的珠带，或由种种色彩的贝珠所织成图形的珠带的意义，在于由一定的珠串可以联想起一定的事实，所以，这种贝壳珠带能够对各种事件予以有顺序的排列，并能帮助将它们保持于记忆中。这些贝壳珠串和珠带是易洛魁人唯一的文件。[①] 由此可见，人类的写作活动实际上在文字产生之前就已经出现了。3000 多年前的殷商时期刻在龟甲或兽骨上的甲骨文，以及铸刻在青铜器物上的铭文（又称金文、钟鼎文），是目前我们能见到的最早的成熟汉字及其初期书籍形式。到了战国时代，简的使用开始流行，其多用竹片制成，每片用毛笔写字一行或两行。将一篇文章的所有竹片编联起来，称为“册”，是中国古代先民在纸张发明之前书写典籍、文书等文字载体的主要材料，也是我国最古老的图书之一。公元 4 世纪左右，由于纸张的广泛使用，纸和纸抄本成为新的写作物件。到了当代，由于计算机的发明和广泛使用，写作工具出现了“手写”与“机打”共存的情况，作者可以根据自己的习惯和喜好进行自由选择。显而易见，写作工具的升级换代使写作活动更加便捷，也更

① 马克思．摩尔根《古代社会》一书摘要［M］．中国科学院历史研究所翻译组，译．北京：人民出版社，1965：120-121.

有效率。

（三）作品或文章

作品或文章是写作的产品或成果，又称写作载体，即将文字符号按照特定规律排列，以表达作者思想、情感或发现的信息，通常由主题、材料、结构、表达方式和语言等基本要素构成。当然对于不同类型文章，这几个基本要素之间又有较大差异。

应用类文体主要是用来办理事项、传递信息及解决实际问题的，具有很强的实用性，因而它反映的情况、叙述的事实以及传达的信息等要准确、客观，不能经过任何艺术加工，更不能随意夸大或改变原有样态特征。与此同时，经过常年的积累，应用文格式相对比较固定，一般都有其惯用的体式和主体风格，因而要根据不同的领域、不同的具体业务、不同的行文目的来进行选择。

文学作品是以语言为工具，以各种文学形式，形象地反映生活，表达作者对人生、社会的认识和情感，以唤起人的美感、陶冶人的情操并给人以艺术享受的精神载体。文学作品体裁种类较多，不同体裁文学作品之间在结构特点、表达方式和语言使用等方面也有很大不同。如世界上最古老、最基本的文学形式之一诗歌，就是一种有节奏、有韵律并富有感情色彩的语言艺术形式，正如《尚书·虞书》所说："诗言志，歌咏言，声依永，律和声。"另一种人们也普遍熟知的文学体裁小说，则是通过塑造人物、叙述故事、描写环境来反映生活、表达思想，因此人物形象、故事情节、环境描写就是其写作的重要因素。相对而言，散文的写作就比较灵活，表现手法也不拘一格：可叙述事件的发展，可描写人物形象，可托物抒情，也可以发表议论等。

相对于以上两类文体，由于学术论文是学术成果的载体，其主要内容反映作者在某一科学领域中对某一特定问题进行研究而获得的结果，因而其写作要求就比较规范、严谨，通常也有学术共同体共同遵守的写作范式，要求作者用可靠的材料和科学的方法，按照特定的程序对研究对象的本质加以剖析，对规律性的特点进行探讨，进而将表达上升到理论层面。

（四）读者

读者一般指阅读文章的人，又称写作受体。如果说以上几个要素是与写作直接关联的要素，那么读者就是看似与写作间接关联，但实质上也是写作不可或缺的基本要素之一。这样说的原因非常简单，因为读者是作者服务的对象，也是写作的目的。当然也有极少数看似例外的写作，比如有人宣称自己的写作纯粹是自娱自乐，还有日记通常也不给其他人阅读。但即便如此，这样的写作也是有读者的，只不过这个读者比较特殊，就是作者本人而已。近代著名语文学家和出版家夏丏尊曾说，“离了读者，就可不必有文章的”，“诸君当执笔为文的时候，第一，不要忘记有读者……”。现代散文家、诗人朱自清也说：“写作练习是为了应用，其实就是为了应用于这种种假想的读者。写作练习可以没有教师，可不能没有假想的读者。”日本当代知名学者斋藤孝则告诫作者，“用属于自己的语言写出令读者有所触动的文章，希望你能以这一点作为最终目标”。① 可见，写作要具有“读者意识”是中外名家的共识，也是所有作者共同遵守的准则。

二、写作的过程

写作的过程通常包括写作需求的产生、写作的准备、作品的构思、文章的撰写、文章的修改等几个阶段。当源于外在的或发自内心的需求产生时，作者就会开始相关准备工作并有意无意地触发初始意念。这样的意念可能是有关文章结构的，也可能是有关文章内容的，还可能仅是一些无关紧要的字句。此时重要的是将其及时写下来，而不用担心其是否符合逻辑，是否写错字，抑或是否忘了标点符号等。如此就完成了文章或作品从无到有的初步创制，再经过打磨修改，最终就会得到期冀的成果。这样的过程，或者说写作的实质，是一个“双重转化”的过程。第一重转化是“现实生活、客观事物转化为作者的认识（观念和情感）”；第二重转化是“作者观念、情感向文字表现的转化”。“由‘事物’到‘认识’，再由‘认识’到‘表现’——这就是‘写作’过程所必须完成的所谓‘双重转化’……它可以说是写作过程的本质属性，是开启写作奥秘的一把钥匙”。② 显而易见的是，这样的过程并不是固化的流程，也没有统一的范式，因为所写的文章类型是不同的，写作的对象是不同的，写作的主体也是不一样的，这就决定了写作过程的相对性；同时，写作过程也不是线性的、僵化的、一成不变的，而是往复的、动态的、灵活多样的，特别是在作

---

① ［日］斋藤孝．写作全技术［M］．程亮，译．南昌：江西人民出版社，2018：44.
② 刘锡庆．基础写作学［M］．北京：人民教育出版社，2007：6.

品的构思、文章的撰写和修改阶段，往复乃至交叉的现象十分常见。

与此同时，作者在写作过程中的具体方式也是因人而异的。英国作家萨拉曾这样描述其做法："我的底线是每天 1000 字——有时很容易做到，而有时，老实说，就像便秘似的，但我仍会坐在工作台前直到完成，因为我知道这样做的话我是在一步步地推进我的书。那 1000 字可能十分垃圾——它们经常如此。不过接着，在以后某天再回到这些垃圾词句时，将他们润色修饰变好要容易得多。"① 因此，每个人找到适合自己的写作方式至关重要，包括什么时候写，每天写多少，写不出怎么办等，这样持之以恒、日积月累，就会逐步形成自己写作的"擅长模式"。

此外，写作过程中还有一个经验也是值得关注的，那就是克服惧怕心理，敢于写且不怕写砸。诺贝尔文学奖获得者、美国作家珍妮弗·伊根说过这样的话："写不好很正常，没什么大不了的。很多人都害怕写砸，正是因为这样的想法在作怪：这么差的文章是我写出来的？千万别这么想，要想会写好的。对我来说，万事开头难。要有自信，而且不要给自己太大的负担，因为你不能保证一直写出好东西。"② 名家尚且如此，我们大可不必担心自己写出的东西质量不高，因为精品往往就是在不害怕写砸的"自信"中产生的。这就告诉我们，每有写作的意念或者灵感时，都应大胆地去写，就算写出来的并不是你原本打算写的东西，也不必在意，况且写作的经验已揭示了一种实质或一个秘密，在这个过程中或许就蕴藏着很多意想不到的收获。

---

① 像托尔斯泰一样写故事［EB/OL］. https：//www. jianshu. com/p/3da854afbd09.

② 跟大咖学写作系列 15——珍妮弗·伊根［EB/OL］. https：//www. jianshu. com/p/e4e9e6822349.

项目二　认识学术论文

任务引入

小赵、小钱和小孙通过学习写作的基础知识，知晓了写作的重要作用，初步掌握了写作的基本要素和主要过程，迫不及待地想进入学术论文的学习中。

学习目标

1. 什么是学术论文
2. 学术论文的特征是什么
3. 学术论文的分类方法和类型
4. 学术论文的要素有哪些

具体内容如图 2-1 所示。

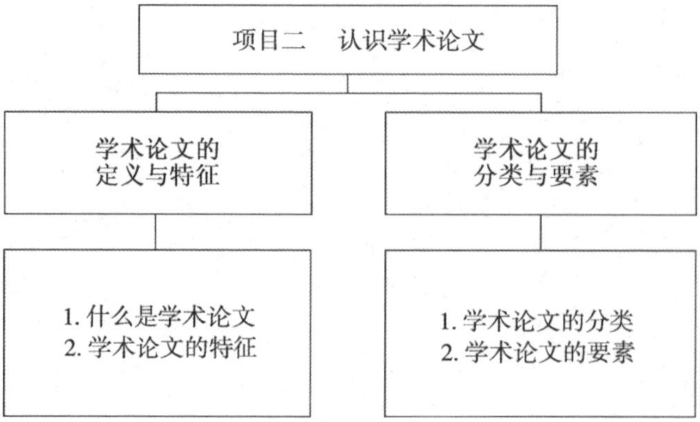

图 2-1　项目二内容结构图

任务一　学术论文的定义与特征

一、什么是学术论文

在基础教育阶段，大家接触的多是文学类和应用类文章。通过高考进入大学学习的同学，写作能力大多应该不错。但作文写得好并不代表学术论文也写得好，因为学术论文与前述两类文体是不一样的，它有着独特的要求和特征。具体而言，学术论文又称学术文本或研究论文，国家标准《科学技术报告、学位论文和学术论文的编写格式》（GB 7713—87）将学术论文定义为：某一学术课题在实验性、理论性或观测性上具有新的科学研究成果或创新见解和知识的科学记录，或是某种已知原理应用于实际中取得新进展的科学总结，用以在学术会议上宣读、交流或讨论，或在学术刊物上发表，或作其他用途的书面文件。

从这个较为权威的定义中我们可以初步得知，学术论文是一种特定的书面文件，是一份科学记录或科学总结，用以在特定的场合或载体上交流、发表。

首先，给人的第一印象是要求“新”：新的科研成果，或创新见解，或新的知识，或实践中的新进展——这是由学术论文这一文体的本质特征决定的。简而言之，学术论文是一种关于“学术”的文章。那什么是学术？这个问题看似简单其实不太容易回答。以一种具有学术性的语言表述，学术是指系统化、专门化的知识，是对事物发展规律的学科化论证。① 从“学术”这一概念的历史来看，它也指“知识的累积”，也就是说它不是对现有知识的复述，也不是对前人成果的重复，更不是毫无根据的猜测，而是在已有理论的基础上针对特定问题进行系统化探讨后的新的知识生产，因此“创新”就成了学术论文的天然要求和原始基因——它所揭示的事物特征、属性、规律等必须是首创的，或在研究事物过程中所运用的实验方法、数据采集方法、资料分析方法等是有别于前人的，抑或提出了新的假说、有了新的发现、得出了新的结论，抑或对已有理论进行了新的补充和完善，从而使之能更好地解释客观世界的现象，解决日常生产生活中的问题，消弭人们的疑虑和困惑。

---

① 陈兴良．论文写作：一个写作者的讲述［J］．中外法学，2015（1）：13.

其次，学术论文必须是科学的。可以认为，科学性是学术论文的根本属性，是评价学术论文价值大小的重要尺度，也是学术论文区别于其他文体文章的关键特征。事实上，科学性与创新性要求密不可分。正如英国学者贝尔纳所说："科学远远不仅是许多已知的事实、定律和理论的汇总，而是许多新事实、新定律和理论的继续不断的发现。"① 学术论文的科学性首先要求选择一个真问题并进行研究。众所周知，具有问题意识是开展研究的基本要求，将朦胧的问题意识转化为一个明确的真问题则是研究的开始。爱因斯坦曾经在《物理学的进化》一书中写道："提出一个问题往往比解决一个问题更重要，因为解决一个问题也许仅是一个数学上的或实验上的技能而已。而提出新的问题、新的可能性，从新的角度去看旧的问题，却需要创造性的想象力，而且标志着真正的科学进步。"② 那么什么是真问题？简而言之，真问题是能够探究事物或自我本质的问题，是符合客观实际的问题，同时，真问题还应该是作者（研究者）研究能力范围内的问题。阿伦·怀尔达威斯克认为，分析创造力存在于发现问题并且知道应该和能够做什么。他讲述了这样一个故事：在新西兰，一位士兵在没有足够人力和物力的情况下想要建一座跨河大桥。士兵正在河岸边发愁，这时一位妇女走过来，问他为何如此忧郁。士兵解释了他的问题，说自己是因为想不到办法而苦恼。妇女说："振作起来吧！没有解决办法就等于根本不存在问题。"③ 这个故事形象地说明了真问题的这一限定性特征。学术论文的科学性还要求研究过程真实，反映研究过程的资料数据翔实且表述符合客观事实。也就是说学术论文呈现的内容是作者，同时也是研究者真正从事的研究活动的真实记录——不管是理工科通过实验获得的数据及分析，还是人文社科的逻辑推理及思考，包括研究方法的选择运用及关键节点的具体描述等。在研究结论的表述上，科学性要求论点应明确客观，论据应可靠充分，论证应合乎逻辑，经得起推敲与验证，具有说服力和可信度。

再次，随着社会的发展与科技的进步，学术论文的形式除了传统的"书面文件"之外，还出现了完全电子化的"在线发表"论文与"开源期刊"论文。20世纪90年代末，国际学术界、出版界、信息传播界和图书情报界大规

① 贝尔纳的科学教育观［EB/OL］. https：//www.renrendoc.com/paper/92736865.html.

② 袁玥．教师微型课题研究指南［M］. 上海：华东师范大学出版社，2011：45.

③ Aaron Wildavsky. （1978），Speaking Truth to Power：The Art and Craft of Palicy Analysis. Boston：Little Brown，p. 103. 转引自庄西真．如何做职业教育研究［M］. 苏州：苏州大学出版社，2013：33.

模地兴起了开放存取（Open Access，OA）运动。1991 年互联网上出现第一个 OA 知识库 arXiv。其初衷是解决“学术期刊出版危机”，推动科研成果利用因特网自由传播，促进学术信息的交流与出版，提升科学研究的公共利用程度，保障科学信息的长期保存。2001 年 12 月，开放协会研究所在匈牙利的布达佩斯召集了一次有关开放访问的国际研讨会，并起草和发表了“布达佩斯开放存取倡议”（BOAI）。BOAI 将开放存取文献定义为 Internet 上公开出版的，允许任何用户对其全文进行阅读、下载、复制、传播、打印、检索或链接，允许爬行器对其编制索引，将其用作软件数据或用于其他任何合法目的，除网络自身的访问限制外不存在任何经济、法律或技术方面障碍的全文文献。在由英国诺丁汉大学和瑞典伦德大学图书馆于 2005 年 2 月共同创建的开放获取机构资源库、学科资源库目录检索系统上注册的 OA 仓库已达 1620 个。截至 2010 年，开放存取期刊目录（Directory of Open Access Journal，DOAJ）共收录 OA 期刊 4953 种，其中 2014 种提供文章层次的浏览，共收录文章 384945 篇。① 截至 2017 年 12 月，已有超过一万种期刊被 DOAJ 收录，收录文章近 300 万篇。

二、学术论文的特征

特征是“可以作为人或事物特点的征象、标志等”。学术论文的特征是其区别于其他文体的、反映其一般性特点的征象。把握学术论文的特征既是撰写学术论文的需要，也是对学术论文的水准及价值进行评价的依据。为了直观了解学术论文的特征，让我们先来看一篇教育类学术论文的例文。

例一：

基础教育阶段课程统整的误区与矫正

——基于教师视角的质性研究

俞 冰 杨 帆 许庆豫

摘要：通过对苏南某市 X 学校教师进行访谈发现，教师对课程统整的理解模糊、易变，且因受到学校规范性文件的制约，对现有的课程统整模式及其效应持谨慎与消极的态度。教师在理念与实践上陷入了一定的误区与困境。要走出课程统整的误区，必须形成清晰稳定的课程统整理念，学会融合学科知

① 开源期刊，https：//baike. baidu. com/iteml.

识，适应社会进步需求，实现课程统整实践的自上而下和自下而上的统一，最终促进学生与教师的发展。

关键词：基础教育；课程统整理念；课程统整实践

课程统整（Curriculum Integration）是伴随美国进步主义教育思潮兴起的一种课程组织形式。它要求教师在教学过程中，打破学科的边界，整合不同学科知识，以解决特定的问题，促进学生发展。近几年来，课程统整已经成为基础教育课程改革的实践方向……但是，课程统整理念及其效应实际上一直处于争议之中。

一、课程统整的争议与理解

……本研究希望通过访谈一线教师，了解他们在理解与实践课程统整方面的一些困惑与困难，为探索课程统整的原则与路径提供支撑与参考。本研究研究的问题是：第一，教师对课程统整的理解与误区的主要表现是什么；第二，教师实践课程统整的实践状态与困境是什么；第三，应该从哪些方面对课程统整的理解误区进行矫正，消解实践困境。

二、个案学校与样本的选择

本文选择深度研究一所推进课程统整项目的典型学校，探讨课程统整的理解和实施机制，期望获得借鉴意义。研究以苏南某市X学校为样本，对部分在校教师进行访谈。……抽取X学校29名参与课程统整项目的一线教师进行访谈，在确定研究对象时，充分考虑了教师性别、所教年级与学科、职称、教龄等因素（见表1）。访谈时间为2016年9月19日至9月23日。

三、个案学校课程统整的理解误区与实践困境

尽管课程统整渊源有自，理想美好，但是，其在我国的实践实际上处于探索阶段，没有可以复制的现成模式，甚至没有可以借鉴的通用路径。因此，课程统整在实施中存在多种理解上的和实践中的误区。

（一）教师对课程统整的理解与误区

1. 教师课程统整理念被学校规范性文件模糊并固化（具体内容略，下同）

2. 教师尚未深入理解课程统整的要义

3. 教师对现有的课程统整持相对谨慎的态度

（二）个案学校课程统整的实践与困境

1. 教师在实践中探索自我适切的课程统整路径

2. 教师缺乏总体设计的引领以及贴合实际需求的培训

3. 教师实践课程统整的沟通渠道不通畅

4. 课程统整的实践尚未纳入教师评价体系

5. 课程统整引发教师一定程度的职业倦怠

四、课程统整误区的矫正路径

（一）明晰统整理念，形成整体规划

（二）善用学科知识，促进多方交流

（三）由上而下发起，由下而上统一

…………

从X学校实施课程统整的现状与问题中，可以窥见我国基础教育阶段实施课程统整的某些共性状态。课程统整作为一种较为前沿的理念，其内涵与效应仍处于不断的探索与争论之中。但可以确定的是，无论课程统整的形式发生怎样的改变，其教导学生认识自我、认识社会、认识世界的根本目的应当是我们始终坚守的准则。

参考文献：略

这是一篇关于基础教育课程研究的学术论文，其文章的结构、内容和行文风格等具有下列特征。

（一）文章的结构

该论文可分为三大部分，分别是前置部分、正文部分和后置部分。前置部分又包括题名（标题）、作者、摘要、关键词等要素。正文部分篇幅较长，是整篇文章的主体，也是一篇文章的关键。从上述论文的结构不难看出，正文的前面有一段话，这段话叫作引言——虽然这篇例文没有明确注明“引言”二字，有时候也称为绪言、导言或前言等。根据需要，有时候也可以将“引言”这两个字明确写出来。引言之后分别是一级标题、二级标题、三级标题及其内容。文末也有一段话，这段话通常用来表述研究得出的结论。与引言一样，有时候也可以将“结论”两个字明确写出来。论文的后置部分包括“参考文献”，有时候也有“注释”，有时候还有“致谢”——写明需要感谢的人或组织，以及其他需要说明的事项等。

（二）文章的内容

内容是学术论文的“硬核”，反映文章的实质。分析这篇例文可以看出，文章有明确的研究问题，即基础教育阶段课程统整存在哪些误区及如何矫正，包括以下三个方面：第一，教师对课程统整的理解与误区的主要表现是什么；第二，教师实践课程统整的状态与困境是什么；第三，应该从哪些方面对课程统整的理解误区进行矫正，消解实践困境。为了解决上述问题，作者分别采用了相应的研究方法进行资料和数据收集，同时按照特定的方式将研究结果呈现出来。事实上，学术论文正是在研究基础上的写作，是研究成果的载体，是学术界的“通用语言”。具有问题意识是对作者（研究者）的基本要求，明确研究问题是开展研究的出发点，合理呈现问题解决的过程和结果是学术论文的核心和重点。也就是说，学术论文是围绕着研究问题的解决而展开的：明确提出研究问题，围绕问题收集数据，整理分析数据，得出研究结论——这既是区别于其他文体的内容特点，也是学术论文的通用标准。

（三）文章的行文风格

文章的行文风格又称写作风格，就是指作者通过遣词造句来传递信息、阐明事理、提出见解的特点。显然，由于每个人的经历、知识和思想认识不同，因而不同的人写出的文章也会呈现出不同的风格，从而使这个人的文章整体呈现出异于他人的个性。但就学术论文总体而言，其共有的行文要求通常是平实、规范和专业。

平实就是语言平易朴实，不随意夸张，不特意渲染，实事求是地将对问题的思考、研究的过程、研究的发现以及得出的结论和观点等呈现出来。是否做到这一点，一个检查的方法是，看论文中是否存在道德判断或情绪渲染的词汇，比如“肤浅、小儿科”“狡猾说谎”“胡说八道”等。如果有，应将它们相应地修改成“没有深思熟虑”“缺乏事实根据”“与常识和逻辑不相符合”等能够客观说明问题的陈述词句。研究论文的“力量”不在于态度，而在于基于事实的观点。① 当然这么说并不是要完全排除作者自身的价值观或意识形态的影响——事实上这在实践中很难做到。因此，一方面我们需要了解所有的

① 张静．社会学论文写作指南［M］．第 2 版．上海：上海人民出版社，2018：22-23.

学问都有意识形态立场，不容回避；另一方面，我们需要设置距离，以便区分意识形态和知识，特别是应该避免以貌似知识的意识形态代替知识研究。① 此外，还需要认识到知识的相对正确性。正如科学哲学家卡尔·波普儿（Karl Popper）所说，科学知识“是在寻求真理的过程中构成的，但并不是在寻求确定性……所有人类知识都是易犯错误的，因此是不确定的”②。

规范是治学严谨的体现。学术论文的规范性主要体现在三方面：一是行文格式要规范，《科学技术报告、学位论文和学术论文的编写格式》（GB 7713—87）对此有详细规定。③ 通常中国期刊刊登学术论文要求各个组成部分的排列顺序分别是：题名、作者署名和单位、摘要、关键词、中图分类号、引言、正文、结尾、致谢、参考文献和附录等。二是用词要规范、严谨，尽量使用本领域的专业术语和通用语言，不随意夸大或渲染客观实在，符合使用语言的句法和语法要求。三是标点符号、图形表格和参考文献等使用标注要规范。学术论文中的图标、表格、图形和标点符号等的使用要执行已有的规定，不能随意使用。文后的参考文献要按照现行国家标准《信息与文献　参考文献著录规则》（GB/T 7714—2015）进行标注。

在专业性上，学术论文是作者对事物内在联系和客观规律、对专业领域内某个具有学术价值的问题进行系统化、专门化研究探讨的创造性劳动成果，要力图通过深刻的思维过程、客观的分析和科学推理，进行去粗取精、去伪存真，由此及彼、由表及里的“加工提炼”，使知识专门化、系统化、严密化，深刻揭示和剖析事物发生所蕴含的科学规律。④ 学术论文的专业性特征还体现在行文需要遵循学术共同体公认的逻辑，其中最为基本的逻辑是坚守理性和讲出理由。如果论文在某一论域中提出新问题，需要给出理由：说明为何是新问题，为何是重要的、有价值的问题。如果论文希望建立新视角，也需要给出理由：说明为何从前的视角不能阐明问题，它们的局限性是什么，为何新视角能够阐明这一问题，阐明的逻辑（或分析原则）有何变化，为何这些变化是值得的、重要的。如果论文提出对他人论点的批评，同样需要给出理由：说明这

---

① 张静．社会学论文写作指南［M］．第2版．上海：上海人民出版社，2018：26.

② 波普尔的科学哲学［EB/OL］．https：//wenku. baidu. com/view/cc259e1d5afb770bf78a6529647d27284b7337f5. html.

③ 详见附录一。

④ 学术论文五大特征与概念［EB/OL］．https：//www. cfsyb. com/lwfb/1548. htmll.

些论点的局限是什么，论题还有什么不同方面，从前忽略这些方面的后果是什么。①

任务二　学术论文的分类与要素

一、学术论文的分类

分类就是“根据事物的特点分别归类”，它是科学认识、区分、揭示事物本质的基本方法之一。写作发展的历史经验表明，要写好文章必须首先辨体、定体，而辨体、定体的前提则是必须明确文章的分类。② 学术论文写作也不例外，因为不同类型的学术论文之间在结构体系、内容要求和行文风格等方面也存在着差异，有的甚至差异较大。或许正是因为如此，很多学者对学术论文的分类进行了较为深入的研究与有益的探讨，也取得了较为丰硕的成果。

（一）已有学术论文分类情况③

1. 按照写作目的分类

按照写作的目的，学术论文分为专业论文、学位论文和课程论文等。专业论文，顾名思义就是各类专业人员在各自研究领域内撰写的专业性特征显著的论文；学位论文则是指攻读学位的人员根据相应要求而提交的、旨在衡量学术能力和水平的论文，通常在申请各类学位前提交；课程论文是指修学各门课程时，按照人才培养方案要求、针对课程内容中某一特定主题撰写的论文。

2. 按照所属学科领域分类

按照所属学科领域，学术论文分为自然科学论文与社会科学论文。其中自然科学论文又分为工程实践型、实验型、理论应用型、综述型、理论研究型、调研型论文等，社会科学论文又分为文学、史学、哲学、经济学、教育学、社会学论文等。

---

① 张静．社会学论文写作指南［M］．第2版．上海：上海人民出版社，2018：22-21.

② 张积玉．学术论文分类初探［J］．陕西师范大学学报：哲学社会科学版，1993（4）：106.

③ 本部分内容参考了张积玉的论文《学术论文分类初探》，刘钧、才立琴编著的《如何写论文》以及杨继成、陈艳春编著的《专业技术人员科技论文写作》等。

3. 按照写作内容分类

按照写作内容，学术论文分为专题性论文、辩论性论文和综述性论文等。专题性论文是指在分析前人研究成果的基础上以直接论述的形式发表自己的见解，从正面提出自己对某学科中某一学术问题看法的一种文体。辩论性论文是指针对他人在某专业领域内对某一学术问题的见解，通过辩论的形式发表自己对同一问题的见解的一种文体；综述性论文也称文献综述，是在对前人已有研究成果进行综合性描述的基础上，提炼、归纳出相关特征并进行评判分析的一种文体。

4. 按照价值取向分类

按照价值取向，学术论文分为理论研究论文和应用研究论文。前者是指通过对客观现象或事件的观察描述，运用归纳或演绎等方法，揭示其背后的一般性规律特点并用特定语言（专业性的、形象化的、比喻式的等）进行阐述的文体；后者主要针对如何将基础理论运用于实践，或为了解决现实中的问题而开展的旨在提出有针对性的改进方案或对策建议的研究。

5. 按照表达方法分类

按照表达方法，学术论文分为论证类论文、说明类论文和描写类论文等。论证类论文就是通过摆事实、讲道理，运用推理论证自己的新鲜见解，并说服读者赞同或接受；说明类论文的目标着重在资料的搜集、整理、鉴别、注解等方面，如对古籍的钩沉辑佚、校勘注释、择录汇编等，都偏重说明，一般不强调论证关系；描写类论文主要着眼于事件或人物研究后取得的成果，如历史学家通过对历史人物的研究后撰写的人物传记就属于此类。

客观而言，以上分类方法及所分论文类型总体上是科学合理的，也比较全面，能够对实践中的海量论文进行有效区分并加深人们对不同学术知识的理解。但仔细考究后又不难发现，已有的学术论文分类似乎有多而杂的特点。所谓多，是指分类依据的标准和方法多样而导致论文种类数量多。事实上除了上述五类十余种论文之外，还有以文题写法、适用对象和表现形式等为标准划分的不同类型学术论文。所谓杂，是指不同分类之间存在着不同程度的混杂现象，如前述按照写作内容区分的三种类型，和按照表达方法划分的三种类型之间就存在这种现象。这种“多”而“杂”的特点在带来论文类型丰富的同时，也给人们的认识带来了困扰，不利于人们对学术新知的理解和把握。尤其是目前的分类标准之间缺乏有机的联系和内在的逻辑，有“各自为政”的嫌疑。

（二）新的学术论文分类方法及具体类型

科学合理的分类方法首先取决于正确有效的分类原则。学术论文分类既要兼顾论文的一般性特点，也要考虑学术论文的特殊性规律，换言之需要将能够成为学术论文的核心要素反映出来。学术论文是科学研究的结果，没有研究就没有相应的学术论文，因而“研究”自然就成为学术论文分类需要重点考虑的关键要素——它是学术论文产生的源头，也是学术论文存在的本源。因此，科学研究的三大核心要素，即研究目的、研究对象、研究方法，被作为区分不同学术论文的依据和标准也就成为自然选择。

1. 根据研究目的分类

按照研究目的，学术论文相应地分为会议论文、期刊论文和学位论文等。

（1）会议论文。顾名思义，这是为了在学术会议上进行交流而撰写的论文。会议论文除了要具有科学性、创新性、专业性等学术论文共同特征外，还要考虑适合现场口头表达的要求。因此，行文可适当使用通俗语言乃至口头语言，论证既可引古经，又可据新典，表达可用打比方、讲故事的方式，使同行和现场听众能理解、领会，进而了解作者的主要观点及创新之处。

（2）期刊论文。这是学术论文的主体，指在各级各类期刊上发表的论文。据 Futurism 网站报道，根据学术界颇具权威的爱思唯尔（Elsevier）SCOPUS 数据，2016 年，中国共发表 42.6 万份研究，美国发布的论文总数量为 40.9 万。单看论文数量，中国比美国更有优势，但美国论文的引用率更高，这或许暗示了美国科研的整体质量优于中国。①

（3）学位论文。学位论文是为了申请学位提交的论文，按照学位层次的不同，学位论文分为学士学位论文、硕士学位论文和博士学位论文等。不同层次的学位论文在论文篇幅及质量上有不同的要求，即使是同一层次的学位论文，不同的授予机构之间的要求也不尽相同。

2. 根据研究对象分类

根据研究对象的不同，学术论文可分为自然科学论文和人文社会科学论文两类。

---

① 最新报告显示中国已发表论文数量首次超美［EB/OL］. https：//www.douban.com/note/654870231/.

（1）自然科学论文。自然科学的研究对象是大自然中有机或无机的事物和现象，具体分布在天文、物理、化学、医药、生物等领域。通过对上述自然事物或现象的研究，揭示其发生、演化过程和实质，而把握这些现象、过程和实质规律性的学术文章就是自然科学论文。

（2）人文社会科学是人文科学与社会科学的统称。人文科学是指以人的社会存在为研究对象，以揭示人类社会的本质和发展规律为目的的科学。社会科学是研究各种社会现象的科学，包括经济学、政治学、法学、社会学等。两者尽管有所不同，但又密不可分，诚如著名儿童心理学家、发生认识论的开创者皮亚杰所说：人们在通常所称的“社会科学”与“人文科学”之间不可能做出任何本质上的区别，因为显而易见，社会现象取决于人的一切特征，其中包括心理、生理过程。反过来说，人文科学在各方面也都是社会性的。只有当人们能够在人的身上分辨出哪些是属于他生活的特定社会的东西，哪些是构成普遍人性的东西时，这种区分才有意义。人文社会科学有时也被称为哲学社会科学或社会科学，也就是俗称的文科。

3. 根据研究方法分类

按照研究方法，学术论文可以分为定性研究论文、定量研究论文和混合研究论文等。

（1）定性研究论文。定性研究是相对定量研究而言的，也被称为质性研究，通常指研究者在自然情境中，运用文献分析、开放式观察、访谈调查等方法收集资料，采用非量化的方式进行分析，进而获得研究结果、得出研究结论的方法。定性研究在本质上是解释性的。这意味着研究者要对数据做出解释，包括对个体或环境进行描述，对主题或范畴进行数据分析，最后对个体的或理论的意义做出解释或结论，陈述获得的经验，并进一步提出问题。① 定性研究实际上并不是一种具体的研究方法，而是研究方法的一种类型，其具体方法包括叙事研究法、民族志方法、案例研究法等。这些不同的方法之间既有内在的共有特性，又有各自不同的设计要领、操作程序和表达风格。通过这些方法形成的学术文章统称为定性研究论文。

（2）定量研究论文。定量研究也称量化研究，它既是一类研究方法的统

---

① ［美］约翰·W. 克雷斯威尔. 研究设计与写作指导：定性、定量与混合研究的路径［M］. 崔延强主译，重庆：重庆大学出版社，2007：144.

称，也是一种资料分析的手段。作为一类方法，定量研究主要有调查法、准实验法和实验法等。其中调查法是一种历史悠久的研究方法，指为了达成或验证研究设想，通过文献调查、问卷调查、实地调查等方式收集资料并进行相应分析。实验研究最早是受自然科学实验研究方法的影响而逐步发展的，特别是科学实验法在物理学中的巨大成功，使其迅速在动物学、生理学、医学和心理学等领域得到运用，并经由实验生理学和实验心理学而扩展到教育领域。实验研究旨在通过一个或多个变量的变化来评估其对其他变量产生的影响，特别是变量之间的因果关系。通常的做法是作者（研究者）预先提出具有因果关系的尝试性假设，然后通过实验操作来检验假设是否成立。由此也可知，进行实验研究的要求是比较高的，条件是比较严苛的。因此在实践中居于其次的准实验法比较多见。作为一种资料分析的手段，定量研究侧重计算和统计学分析，其立足于对一些现象特定方面的数量化测量。这种方法从个别现象出发，将个别现象加以概念化，以便归纳出一般性的描述或以此检验因果假设。同时，该方法一般使用那些能被其他研究者复制的测量和分析技术。①

（3）混合研究论文。顾名思义，混合研究论文就是在一项研究中综合采用定性研究方法和定量研究方法而形成的学术论文。混合研究方法历史并不太长，但近年来发展比较迅速。许多资料显示，混合研究来源于心理学以及坎贝尔和菲斯克（Campbell & Fiske，1959）为对源于定量和定性的数据进行整合或三角互证而提出的多质多法模型（Multitrait-multimethod Matrix）。② 需要说明的是，这种研究方法对研究者的要求较高，不仅需要研究者进行大量的数据收集，同时需要对数据进行质性和量化分析，也就是说，需要研究者熟练掌握定性研究和定量研究这两种方法。

以上三种分类均是从一个侧面来描述、区分研究者的学术论文。事实上，对于一篇学术论文来说，研究目的、研究对象和研究方法都是不可或缺的构成要素。换言之，上述学术论文分类的三种方法实际上是一个不可分割的整体。三者形成的综合体可以称为学术论文分类的“三维体”（图 2-2）。由此就能够基本确定不同类型学术论文的结构体系、内容组成和行文风格等，如例一

① ［美］加里·金，罗伯特·基欧汉，悉尼·维巴．社会科学中的研究设计［M］．陈硕译，上海：上海人民出版社，2014：2.

② ［美］约翰·W. 克雷斯威尔．研究设计与写作指导：定性、定量与混合研究的路径［M］．崔延强主译，重庆：重庆大学出版社，2007：165.

《基础教育阶段课程统整的误区与矫正——基于教师视角的质性研究》，就是一篇定性研究的人文社会科学类期刊论文。

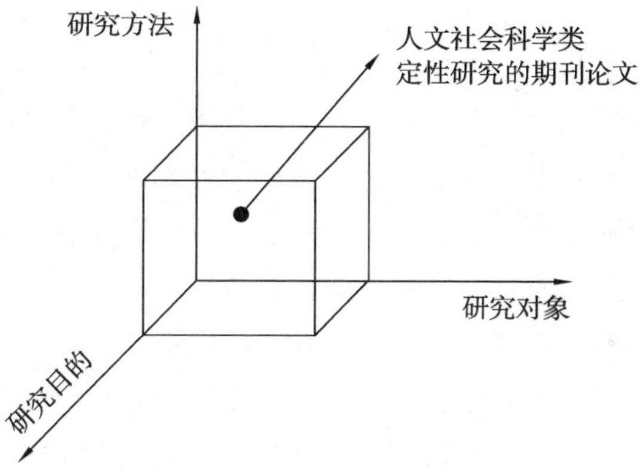

图 2-2 学术论文分类的“三维体”示意图

二、学术论文的要素

学术论文的要素是人们在长期实践中形成的经验积累，是学术共同体成员共同遵守的行动标准，也是构成学术论文不可或缺的基本因子，具体包括题名、摘要、关键词、引言、正文、讨论和结论等。

（一）题名

题名又称标题、题目，由集中反映一篇学术论文核心思想和主要内容的词语构成。题名对于一篇论文的重要性不言而喻，故有“题好文一半”的俗语。《科学技术报告、学位论文和学术论文的编写格式》（GB 7713—87）对“题名”有明确界定：题名是以最恰当、最简明的词语反映报告、论文中最重要的特定内容的逻辑组合。题名所用每一词语必须考虑到有助于选定关键词和编制题录、索引等二次文献可以提供检索的特定使用信息。题名应该避免使用不常见的缩略词、首字母缩写字、字符、代号和公示等。题名一般不宜超过 20 字。应该说这个国标对于题名的要求比较翔实具体，是每一位作者写作时应该遵循的准则。当然这并不是要求题名千篇一律，作者完全可以根据自己写作与研究的特点选取个性化的题名，使之既准确妥帖，又生动有趣、易懂好记。题名在句式上也可以多样化，既可以是陈述判断句，也可以是疑问句；既可以是单一标题，也可以有主副标题——前面例文的题名就是典型的主副标题的例子：主标题表达的是研究问题或主要内容，副标题说明的是采用什么研究方法。

（二）摘要

摘要就是摘录的一篇论文的要点，使读者阅读后即可知作者的基本观点和研究的主要结论。因此把握重点、言简意赅、相对独立就是摘要撰写的关键。通常研究目的、研究方法和过程以及研究结果或结论等是摘要需要包含的重点内容。在表达上述内容的时候每句话都要简洁明了，无空泛含混之词并避免套话俗语。摘要的长度一般控制在300字以内。摘要应具有独立性，是自成体系的一篇短文，句子与句子之间应前后连贯呼应。还是以例一为例，“通过对苏南某市X学校教师进行访谈发现”——指明了研究对象和采用的研究方法；“教师对课程统整的理解模糊、易变，且因受到学校规范性文件的制约，对现有的课程统整模式及其效应持谨慎与消极的态度”——这是研究得出的结果；“教师在理念与实践上陷入了一定的误区与困境”——得出研究结论；“要走出课程统整的误区，必须形成清晰稳定的课程统整理念，学会融合学科知识，适应社会进步需求，实现课程统整实践的自上而下和自下而上的统一，最终促进学生与教师的发展”——提出核心观点或者对策建议。该摘要全文不足200字，做到了表达清晰、重点突出、简练规范。

（三）关键词

根据规定，每篇学术论文都应选择3～8个关键词，并以显著的字符另起一行排在摘要的下方。关键词应具有代表性，要使用最能反映论文主要内容和核心观点的词或词组。同时关键词要便于检索，因而要尽量使用能反映特定领域实际状态的专业术语作为关键词，如“基础教育”“课程统整理念”“课程统整实践”等。

（四）引言

引言又称绪言、导言、前言等，是一篇学术论文的起始部分，用以表明研究的缘起、问题和作者的写作意图，起到引领的作用，能引导读者继续阅读并理解全文。引言一般篇幅不宜太长。古代文论写作有“凤头、猪肚、豹尾”之说，指的就是这个道理，因而引言撰写时需要言简意赅、重点突出。不应将引言写成文献综述，要避免大篇幅地讲述研究的历史渊源及其过程，更不要去重复说明那些本领域研究人员所共知的常识性内容。

引言内容应紧扣主题，实事求是地简要介绍本领域目前研究的进展情况、存在问题，说明本论文的研究目的、主要方法及价值意义，慎用“填补了国内空白”“本研究内容国内未见报道”“有很高的学术价值”等自我评论的空话、大话，切忌使用“才疏学浅”“水平有限”“恳请指正”等套话，表达要清晰，语言应简练。简短的引言一般不分段论述，也不需要标注“引言”字样。对于篇幅较长的学位论文等，如果其引言部分内容较多，也可以在文前直接标注“引言”二字。

（五）正文

正文是学术论文的主体，也是一篇学术论文的核心和关键。引言导出了一篇学术论文所要研究的问题，而正文部分就是围绕怎样解决这个问题展开的详细论述。正文撰写主要有以下两方面的工作：

一是对资料数据的处理。从某种程度上而言，学术论文写作的过程就是通过对资料数据的处理，得出研究结论并提出观点的过程。这里的资料数据包括已有的文献资料和作者自己收集的新的数据资料。学者 Lee 曾说：“任何研究或研究者都是借鉴前人的理论研究成果、研究方法来明确提出自己的研究问题以及在研究中可能运用的方法，审查、检验与修正已有的理论与研究结论。”①学术研究主要是“接着说”——在前人已有研究基础上的延伸与拓展，因此作者首先需要将前人在这个问题上的既有研究情况反映出来，告诉读者前人说了什么、已经说到什么程度，然后自己“接着说”抑或“对着说”——实际上“对着说”也是“接着说”的一种形态，即从相对的角度“接着说”，这就是为什么需要通过文献综述的形式对已有文献资料进行回顾的根本原因。在此基础上，作者（研究者）呈现自己收集的数据资料并对这些新的数据资料进行规范化处理。在这个环节，通常还要说明为什么要收集这些数据资料，如何收集这些数据资料以及处理这些数据资料的方法等。在数据资料处理的基础上，通过理论思维和综合研判，提出核心观点，得出研究结论。这个环节通常是学术论文写作的难点所在，也是决定学术论文价值大小与水平高低的关键所

① 朱志勇．教育研究方法论范式与方法的反思［J］．教育研究与实验，2005（1）：6.

在。具有新颖、独特的观点也是一篇学术论文的灵魂所在——因为“研究不是为了对过往的知识进行总结，也不是利用已有的东西来做一个知识点堆砌，它最终是为了为人类贡献新知”①。

二是对文章结构的安排，也就是所谓的谋篇布局。就像建房屋一样，良好的结构不仅使房屋外表美观，而且使房屋更加稳固。同样，合理的篇章结构不仅能给读者感观上的享受，而且能使论证更为有力、更有说服力。先说什么，后说什么，章节之间如何过渡，段落与段落怎样衔接等都大有考究。即便方法、过程、数据资料都相同，呈现顺序的不同也将导致结果和结论不同。这方面虽无定式，不同类型学术论文之间也有明显的差异，但所有的学术论文在结构上的共性要求就是注重逻辑性——因为逻辑的力量是巨大的。有这么一个故事，在美国的普林斯顿大学，一个男孩深深地爱上了一个女孩，但是，他怕被拒绝。一天，他终于想到了一个接近女孩的好方法。他对女孩说：“你好，我在这张字条上写了一句关于你的话。如果你觉得我写的是事实的话，那就麻烦你送我一张你的照片好吗?”女孩想：无论他写什么，只要自己都说不是事实，这样不就可以了吗？于是，女孩欣然答应了男孩的请求。男孩把那张字条递给了女孩，女孩打开字条，随即皱起了眉头，因为她绞尽脑汁也想不出拒绝男孩的方法，只好恭敬地把自己的照片送到男孩的手中。其实，男孩只不过写了一句极其简单的话：“你不会吻我，也不想把你的照片送给我。”这个男孩名叫罗纳德·思穆里安，后来成为美国著名的逻辑学家，而那个女孩成了他的妻子。② 这个故事形象地告诉我们逻辑的作用。所以，正文部分的写作通常应围绕主题沿着一条清晰的逻辑线路呈现数据资料并得出结果。

除了以上两个方面之外，讲究用语的规范性以及表述的专业性也是学术论文撰写需要关注的重点。行文要客观真实，尽可能用事实和数据“说话”，尽量使用规范术语，避免口语化和辞藻华丽，要严谨合规，涉及物理量、数字、图表和单位符号等应符合国家标准。

（六）讨论和结论

行文至此，学术论文的主体“工程”虽已告一段落，但最为关键、最为

---

① 熊浩．论文写作指南：从观点初现到研究完成［M］．上海：复旦大学出版社，2019：194.

② 王永建．从反面来思考［EB/OL］．https：//xueshu. baidu. com/usercenter/paper/show？paperid＝16a0ad6ec4b1171a5c70916abb77c547&site＝xueshu_ se.

重要，也最见功力的“封顶”工作还需要去做——像建房一样，屋顶不盖好，房屋就会漏雨，房子的功能就得不到体现，安居的愿望也会落空。这个“封顶”工作就是“讨论”和“结论”的撰写。通常“讨论”部分是在得出研究结果之后撰写，用以揭示研究发现的意义及思考。其中包括三个部分：第一，考察研究结果对研究问题回答的质量情况，即研究结果是否能够有效地验证研究假说；第二，综合本研究的发现和前人的研究成果，探讨本研究发现的意义及对相关领域知识的贡献；第三，研究结果的可靠性评价。因此“讨论”部分写作内容一般包括如下四个方面：① 对研究问题做简单回顾，并以此引出主要的研究发现（对研究结果的概括性陈述）。② 通过应用前人理论或概念框架（启用文献综述里的前人研究结论），对自己的发现进行解释，对相关关系和因果关系进行判断和解释；对研究结果、研究问题回答的质量情况即研究结果与研究假说之间的逻辑联系进行评述，从而说明研究结果是否能够验证研究开始提出的假说。③ 将本研究的发现与前人相关研究的成果进行联系或比较，探讨本研究发现的意义及对相关领域知识的贡献，也就是运用演绎逻辑解释那些基于归纳逻辑的科学发现。④ 对产生研究结果的研究方法各步骤可能带来的研究信度和效度问题进行评价。[①]

完成上述工作之后就可以下结论了。结论就是基于逻辑推理和综合分析的论断，是一篇论文的总结性判断，也是对前述研究问题的回答。结论应客观准确、表达清晰、用语精炼。有时做出结论之后，还可以谈一谈本研究的局限之处、后续研究的大致设想以及涉及现状改进的建议等。需要说明的例外情况是，个案研究、人类学研究或初步研究可以缺少“结论”部分，代之以在讨论部分提出一系列有待研究的问题作为结尾。[②]

① 张红霞．教育科学研究方法［M］．北京：教育科学出版社，2009：494.
② 张红霞．教育科学研究方法［M］．北京：教育科学出版社，2009：497.

项目三　怎样选题

任务引入

撰写学术论文首先需要解决的问题是选择一个什么样的主题，而主题的选择又是和作者或研究者试图解决的研究问题密切相关的，按照这样的理路，小赵、小钱和小孙跟随着老师踏上了问题探索的征程。

学习目标

1. 了解什么是问题
2. 了解什么是研究问题
3. 学会用多种方式寻找研究问题
4. 学会确定自己的选题

具体探索过程如图 3-1 所示：

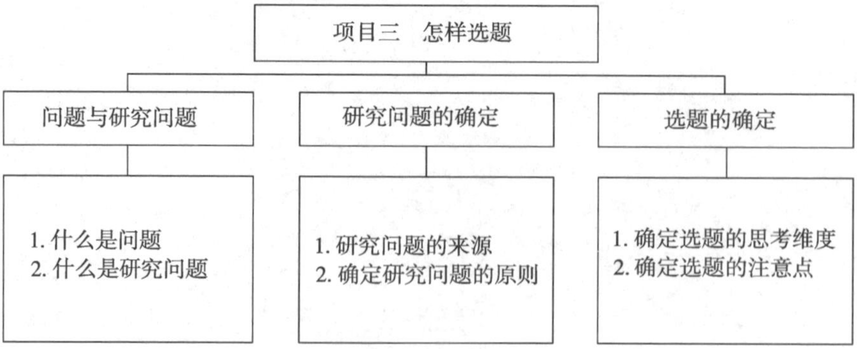

图 3-1　项目三内容结构图

任务一　问题与研究问题

一、什么是问题

“问题”是一个在日常生活中司空见惯的概念。《现代汉语词典》将问题解释为“要求回答或解释的题目”。一旦现实情况与自己的预期或理想产生了距离或矛盾，人就会感到困惑，这时问题就出现了。一些事物和现象很可能是存在问题的，但如果我们尚未触碰或意识到，那还不能称之为问题。只有那些被我们触碰到、意识到并试图去解决的才是真正的问题。也就是说，问题是“介乎认识的此岸和彼岸之间”① 的。可以说，问题是人类思维开始的地方。在漫长的历史进程中我们不断地提出问题、解决问题，才创造出如此丰盛璀璨的物质财富与精神文明。

然而遗憾的是，在过去很长一段时间里，这种“问题精神”被我们忽略了。工业革命带来的社会经济的空前繁荣让我们坚信，信奉权威、自上而下传递各个学科知识与真理的模式是高效且不容置疑的。这种将独白代替对话、答案代替问题的方式，带来了孤独的个体、静默的课堂以及缺乏共情的社会。于是，人们开始深刻反思分科化与标准化的思维模式，反思自己认识世界与对待世界的方式，由此也催生了 20 世纪 80 年代以来席卷全球的教育改革浪潮。一个普遍的共识是，人类知识处于不断变化发展的过程中，而仅仅给学生灌输一个暂时的标准答案，抑或教导学生牢牢掌握各科要点远不能帮助他们应对充满未知的生活世界，更遑论去创造一个更加美好的世界。要突破这种困境，唯有寻找到失落已久的“问题精神”。如今，全球教育改革的方向直指学生的创新意识、创新精神与创新能力，其本质就是激发学生的批判反思精神，培养他们从新角度提出问题、用新方法解决问题的能力。

在学术研究中，“问题精神”的失落也是一个很常见的问题。尤其是初涉学术研究领域的研究者，观念往往更容易受到分科化与标准化的影响，认为学术研究涉及的是宏观高端的学术世界，遵守着高高在上的学科逻辑，与现实的生活世界没有什么必然联系，这其实是一个很大的误区。如果研究没有从真实

① 劳凯声．教育研究的问题意识［J］．教育研究，2014（8）：4-14.

的问题出发、不解决真实的问题，仅仅为了研究而研究，就会遭遇学术研究中最大的尴尬，那就是在“大作”完成后，专家或读者会质疑：“你的论文到底要解决什么问题?”

一种理想的状态是，当研究者看到生活中的一种现象与自己本来的理解或预期不一样时，就会觉得困惑，而为了消除这种困惑就去深入探索，研究由此开始。因此，学术研究就是一个提出问题、解决问题的过程，学术论文写作在某种程度上就是把这个过程当成一个“故事”向读者娓娓道来：为什么会提这个问题？这个问题到底是什么？为什么会出现这个问题？可以用什么方法解决这个问题？这些都与现实的生活息息相关。我们可以发现：问题的提出是学术研究的起点；没有问题的提出，研究就不可能发生，也就无所谓学术论文写作了。正如爱因斯坦强调的那样，提出问题比解决问题更为重要，一个好的、真实的问题的提出往往意味着想象、创造与创新。

二、什么是研究问题

生活中真实的问题引发我们进行学术研究，那么这些问题就等于研究问题吗？其实，问题与研究问题是有区别的。研究问题来源于问题，但问题仅仅代表着一种困惑，需要进一步转化才能变为研究问题。美国著名哲学家、教育学家杜威在《我们如何思维》一书中提出，完整的思维行为多多少少包含逻辑上的五个不同步骤：第一，感受到困惑；第二，对它进行定位和定义；第三，想到可能的答案或解决的办法；第四，对联想到的结果进行推理；第五，树立或放弃信念。① 可以看出，问题的提出是思维的第一步，而将问题转化为研究问题，则需要进入思维的第二步，即对问题进行定位和定义。简单来说，研究问题就是对问题的明确化与具体化。

北京大学的研究方法专家袁方与王汉生教授对问题与研究问题的关系有过非常有启发意义的论述：并非所有的问题都可以或都值得进行科学研究，也就是说，所要研究的问题必须是，第一，可以由科学研究来解答的；第二，具有一定的研究价值。一般来说，从应用的角度看，研究问题的解答应当对社会或实际工作有重大意义和作用。从理论角度看，研究问题的提出应当能促进科学

---

① ［美］约翰·杜威．我们如何思维［M］．王文印译，成都：天地出版社，2019：83.

的发展。[1] 因此，一个好的研究问题，应当清晰、明快地呈现研究者的目的与研究的意义，并且有助于解决现实世界中的问题或推动科学的发展。“好多人上课玩手机”是一个现象，不构成一个问题，也不是研究问题；“大学里哪个专业最好?”这是一个问题，但这个问题涉及主观的价值判断，也不能成为研究问题。提出一个好的研究问题，常常被视为学术研究与学术论文写作的核心与灵魂，是最为基础也是最为困难的环节。

需要特别指出的是，在很多时候，研究问题是随着研究的进行逐渐明朗的。若机缘巧合，研究者经历了某个事件、目睹了某个现象，感到大惑不解或愤愤不平，就下决心去深入探索，但是为什么要做这个研究，到底对什么感兴趣，自己在刚开始时并不确定。真正核心的研究问题，是需要花费时间冷静梳理与思考的。千万不能把这种机缘、一时激动的情绪或者真切的体验当成研究问题，因为它们只是学术研究展开的背景。一些重大的研究进展与突破的取得甚至要耗费研究者数年的时间，这与研究资料的积累和研究者本身的精进密切相关。

至此，小赵、小钱和小孙终于要真正开始学术论文写作的旅程了。在成长的过程中，他们对生活中的现象产生过很多困惑，在学校教育见习与实习的过程中，他们也对很多教育现象产生过不满。那么这些困惑和不满到底能不能成为研究问题呢？小赵在学校组织的教育见习过程中发现，低年级的小朋友在学校吃午饭时总是闹哄哄的，有的小朋友挑食很厉害，有的小朋友需要喂饭，有的小朋友索性倒掉了整碗饭菜。由此小赵产生了一个困惑：现在的小朋友为什么连吃饭这么简单的事情都做得这么费劲呢?

“为什么小朋友吃饭这么费劲”确实是一个现实生活中的问题，但它仍需要进一步明确、具体化才能转化为研究问题。小赵需要想清楚，整个事件里到底是什么激发了自己的兴趣，自己真正感到困惑的问题是什么，自己做这个研究的目的与意义何在，最后才能真正确定自己的研究问题。

任务二　研究问题的确定

好的研究问题不是凭空想象出来的，研究者只有积累到一定程度才能确定

---

① 袁方，王汉生．社会研究方法教程［M］．北京：北京大学出版社，1997：117-118.

好的研究问题。小赵、小钱和小孙接触真正教育情境的机会不多，广泛阅读和参与各种学术活动是他们的研究问题的主要来源。

一、研究问题的来源

通过广泛阅读，我们可以突破时间与空间的限制，接触无限广阔的世界。每一次阅读就像与人进行了一次长谈，在这个过程中交换不同的观点，倾听对方的理由，以此充实与完善自己的认知。参与各类学术活动也是如此，只有通过真诚、平等的对话与交流，我们才能抛弃执念、达成共识。一个好的学术研究，往往是水到渠成的，只有自己的看法与积累达到一定的境界和厚度，才能与好的研究问题发生碰撞。阅读，便是获得这种积累与成长的最佳方式。

（一）阅读专著

广泛阅读专著的一个最重要原因是，教育学是最具有哲学气质的学科之一，研究教育问题的学者、教育学专业的教师与学生，尤其需要涉猎包括文学、历史、哲学、科技、艺术等在内的其他学科领域的专著，而不仅仅是阅读教育类的书籍。

钱锺书先生在《围城》里曾经这样调侃道："在大学里，理科学生瞧不起文科学生，外国语文系学生瞧不起中国文学系学生，中国文学系学生瞧不起哲学系学生，哲学系学生瞧不起社会学系学生，社会学系学生瞧不起教育系学生，教育系学生没有谁可以给他们瞧不起了，只能瞧不起本系的先生。"① 近年来，一条条趾高气扬的学科鄙视链被一本正经地罗列出来，越来越详尽的学科优劣排序也堂而皇之地进入公众视野。

那么，教育学为什么会处于学科鄙视链的底端呢？是因为教育学所研究的问题没有意义或无足轻重的吗？恰恰相反，是因为教育学所关涉的问题实在太重要了。但教育学牵连甚广、错综复杂，绝大部分时候我们很难单纯从教育的角度来解释教育学的问题。倡导教师要成为反思性实践者（reflective practitioner）的美国教育学家唐纳德·舍恩将专业实践活动分为两个层次，即干硬高地与湿软低地。干硬高地是专业实践中的"确定地带"，在这个地带里专业的情境和目标清楚，能运用科学理论和技术解决问题。湿软低地是专业实

① 钱锺书《围城》[M]. 北京：人民文学出版社，2012：74.

践中的“不确定地带”，复杂、模糊，充满矛盾和冲突，要凭借“行动中的知识”解决问题，教育学专业就处于这个地带。从表层来看，各种矛盾和冲突似乎降低了教育学专业的“优越感”；但实际上，更具挑战性与社会重要性的问题恰恰就存在于湿软低地中。① 教育目的的改变、课程模式的变革、师生之间交往模式的……这些问题无一不与哲学的转向、历史的情境、经济的制约、人的发展密切相关，如果没有思考人类发展、历史发展的高度，不能全面深刻地理解当下的社会与生活，就没有真正地去关切教育问题。

通过阅读文学、历史、哲学、科技、艺术等方面的专著，研究者可以理解很多教育现象的来龙去脉、判断教育发展的未来走向，更加理性全面地修正自己的研究问题。时间是有限的，而人类文明浩如烟海、人类历史群星闪耀，小赵、小钱和小孙该如何选择与阅读专著呢？

首先，在专业学习过程中，老师与前辈们分享的书单是非常重要的参考，阅读经典的、实用的专著往往就要从这里开始。其次，要利用好常用的网络平台，这是形成自己阅读书单的便利途径。其实，豆瓣、知乎、抖音都是小赵、小钱和小孙平时常刷的手机 APP，在“豆瓣读书”里不仅有各个领域的书单推荐，还有各种用户对某本专著中肯的评价；知乎上对于书单和书评的高赞和回答，很多都来自各个领域的顶尖学者与专家，与他们的论文相比，这些回答与推荐往往更通俗有趣。如果有心，还能发现很多网络娱乐平台也有很多有趣的知识或阅读分享，它们都能为选题的最终确定提供支撑，也能够为相对严肃、枯燥的学术研究增加活力。

一般来说，阅读的过程由浅入深，但是很多专业书单中的经典专著往往晦涩难懂，如果一开始就选择这样的专著孤军奋战，很容易丧失热情与信心。此时，各类书评、书籍共读平台（如樊登读书、蜻蜓 FM 等）、公开课与演讲平台能够提供很大的帮助。日本绘本大师五味太郎在《喂，这样做才正确》的绘本里对读书有一段非常精彩的论述：看不懂的书，不能一直看下去。书不是要使劲去读的东西。没意思的书，也不能一直读下去。书不是硬着头皮去读的东西。硬着头皮、使劲也得读的书，一生中只有 150 本左右。②

① ［美］唐纳德·A. 舍恩．反映的实践者：专业工作者如何在行动中思考［M］．夏林清，译．北京：北京师范大学出版社，2018：22-26.

② ［日］五味太郎．喂，这样做才正确！［M］．朱自强，译．济南：明天出版社，2018：25.

阅读是非常个性化的事情，专著的阅读没有标准和固定的模式，只有通过不断尝试与探索才能找到适合自己的阅读方式。

（二）阅读学术期刊

如果说阅读专著是为选题的确定做长期积累的话，那么阅读期刊就是相对高效、直接的方法了。学术期刊就是定期、连续出版的一种刊物，刊物上发表各个学科或相应学科的学术文章。通过阅读学术期刊，我们可以了解特定学科领域的最新研究成果。

但学术期刊实在太多，小赵、小钱和小孙该如何甄别优劣、找到所需，为我所用呢？

因为学术文章实在太多，为便于搜索，一些研究机构就开发出学术论文的检索工具与数据库，其中有一些非常严谨、实用。而学术文章如果被这些数据库收录，一定程度上就标志着它的质量获得了承认。我们接触、使用到的权威性较高的学术文章一般都来源于社会科学引文索引（Social Science Citation Index，简称 SSCI）、中文社会科学引文索引（Chinese Social Sciences Citation Index，简称 CSSCI）期刊以及各类中文核心期刊。所有公开发表的学术期刊都可以通过正规渠道订阅，也可以通过网络数据库查阅。

每一个学科都有自己学术领域的权威期刊。如果经常去图书馆或者资料室看一看，就会发现这些期刊与我们阅读的文学类杂志模样差不多，在期刊的封面上标有它们的数据库来源。另外，《新华文摘》与中国人民大学的《复印报刊资料》是学术研究领域具有权威性与影响力的刊物，它们定期对公开发表的高质量学术文章进行汇编或转载。阅读这两本刊物，是获取学术动态、确定研究选题非常高效与便捷的方式。

与专著的阅读一样，研究者可以根据个人的阅读体验、阅读兴趣以及研究领域，将阅读期刊培养成一个能长期坚持的习惯，这将会使人更容易触碰到研究领域的热点与前沿问题。

（三）参与学术活动

如果说阅读专著与期刊还只是间接与他人对话交流的方式，那么参与学术活动就是对他人学术研究的直接参与，也是与他人学术观点的直接碰撞。

小赵、小钱和小孙作为大学二年级的学生，应该如何参与学术活动呢？

适合大学生参加的学术活动主要有学术会议、学术讲座以及小范围的学术交流。学术会议有特定的领域与主题，规模可以是国际范围的，也可以是全国或地区范围的，各种协会、团体也会举办相应范围内的学术会议。参加会议的都是该领域或行业内的专家、学者或研究者，大家围绕会议主题提交相关论文、交流学术观点。由于专著的出版和期刊论文的发表需要耗费一定的时间，因此，参加学术会议聆听到的学术观点相对而言更新，可以反映该领域的学术动态与发展趋势。同时，小赵、小钱和小孙也可以向与会的专家学者发问请教，拓宽自己的学术视野。

很多国际或国内学术会议的举办信息可以通过专业老师、高年级学生以及网络获取。参与专业老师的研究课题，是接触这些信息的很好方式。同时申报大学生创新创业、高校研究生科研创新计划等项目也可以帮助小赵、小钱和小孙聚焦自己的研究方向，并且能够解决参加会议所需的资金。

二、确定研究问题的原则

（一）研究问题要有价值

在提出研究问题的时候，要仔细想一想自己做这个研究的目的与意义何在，要反问自己问题的价值到底在哪里。而这个价值一般是指研究所具有理论价值或者应用价值。

一个研究具有理论价值，意味着这个研究对所在领域的现有理论或思想产生了影响。所谓影响可以从三个方面来看：一是这个研究问题很少有人注意过、研究过，填补了所在领域的研究空白；二是这个研究问题别人注意过、研究过，但是争论很大，研究结论不一致；三是这个研究问题是目前该领域的热点问题，亟待解决，相关理论的完善对社会或个人发展有十分重要的推动作用，大家都在关注。

一个研究具有应用价值，意味着这个研究对个体或社会发展产生了影响。它包括两个方面：一是这个研究问题有助于澄清当下社会现象、解决当下社会的“疑难杂症”；二是这个研究问题有助于个体或社会往更好的方向发展。

小赵需要深入思考的是，小朋友吃饭这件事情到底是如何触动了自己，如果对这个现象进行研究，具备怎样的理论价值或应用价值呢？小赵感兴趣的并不是吃饭本身的问题，真正触动他的其实是吃饭折射出来的教育或社会问题。

小朋友的吃饭问题其实涉及近年来逐渐进入研究者视野的话题——饮食教育，简称食育。国外尤其是日本对食育的研究比较深入，但尚未引起国内研究者足够的关注。小朋友甚至成年人中出现五谷不分、浪费粮食、对生命缺乏敬畏等现象，且相当普遍，必须承认这方面的系统教育是缺失的。如果从饮食教育这个极具理论价值与应用价值的话题入手，就能够提出一些好的研究问题。例如，德育、智育、体育、美育、劳育已经拥有了相对明晰的内涵，可食育的内涵究竟是什么？食育应该包含哪些内容？食育与劳动教育到底是什么关系？食育的实施主体与实施策略是怎样的？……这些都可以成为小赵提出研究问题时的参考。

（二）研究问题可以操作

除了考虑研究价值以外，还需要确认后续的研究是否可以操作，即研究问题的可行性。这包括外在与内在两个方面。

外在的可操作性是指这个研究问题能够得到承认，获得物力与人力的支持。在研究的过程中，有充分的资金支持调研的开展与设备的购买，能够吸引有共同志趣的研究者加入研究团队。因此，研究问题必须积极健康、因地制宜。

内在的可操作性是指这个研究问题确实符合研究者的研究兴趣与研究能力，有利于其学术生涯的可持续发展。学术研究不是商业生产，甚至在历经无数艰辛、耐住浮躁诱惑之后也没有什么可以触摸得到的收获，付出的努力并不一定能取得即时的回报。这时候，研究者的兴趣、信念与追求就显得尤为重要与珍贵了。同时，研究问题也要符合研究者实际的研究能力。有些研究问题确实很紧迫，对国家、社会的发展有非常重大的意义，但可能因为调研群体庞大、内涵逻辑复杂、支撑材料无法轻易获取等原因，导致研究问题超出了研究者的能力范围，应该本着实事求是的态度暂时回避这样的研究问题。

小赵将自己的研究范围确定在食育这个框架下，也有了很多有价值的问题作为备选，但并不是所有有价值的研究问题都是适合他的。小赵很想知道，全国小学生饮食素养处于怎样的水平，这是一个很有价值的研究问题，它有助于我们了解饮食教育所处的现实环境。但对于大学二年级的学生来说，这个研究问题实在是太过宏大了。又如，在了解到日本出台了全民性的《食育基本法》后，小赵想我们国家应该如何制定食育法律呢？这个问题显然已经超出了教育专业本科生所能把控的范围，涉及经济、法律、社会等更加宏大深刻的理论与现实，当然也不适宜作为小赵的研究问题。

需要记住的是，学术研究是一个变化发展的过程，研究问题会随着研究的不断深入逐渐明朗或进行修正，直至论文选题的确定。论文选题一旦确定，就可以按照研究思路进行研究了。那么，研究问题到底应该如何明朗、修正，最终变为选题呢？小赵、小钱和小孙即刻开始第三个任务的学习：确定选题的方法。

任务三　选题的确定

选题，就是学术论文题目的选定。一般来说，论文的题目来源于论文最核心的研究问题，小赵、小钱和小孙可以遵循“问题→研究问题→选题”的路径进行选题的确定。有一些基本的方法或思考维度可以帮助初学者基于研究问题提出自己的选题。

一、确定选题的思考维度

我们可以看到，无论是“食育的内涵究竟是什么？”“食育应该包含哪些内容？”还是“食育与劳动教育到底是什么关系？”小赵的研究问题总体是围绕食育展开的。下面就以食育为例来介绍确定选题的一些思考维度与方法。

（一）研究问题本身

研究问题本身，就是对食育这个问题做出原理、概念层面的探索。可以从三个层面进行尝试：一是确定食育概念的边界。它的内涵与外延是什么，它具体包含了哪些维度和内容。二是在更深的理论基础层面对食育进行剖析。探讨在认识论、伦理学层面有怎样的理论支撑食育的实施，同时思考食育的意义、食育可能产生的效应等。三是对食育研究的研究。对现有研究进行总结、分析，或者是开展对食育的元研究。

（二）描述基本状态

了解食育的基本状态，即关于食育大家都做了哪些事情，做到了什么程度。这可以指食育研究对象的基础情况，也可以指食育这件事的基本情况。一是学生饮食素养的基本情况，包括不同年龄阶段、不同发展水平的学生在饮食素养方面的情况与特点，国内外学生在饮食素养各个维度上的异同；二是食育实施的基本情况，包括食育政策、食育理念，食育课程的实施模式、实施状态与实施效果等。

（三）分析关系或原因

在食育基本状态的基础上，分析出现这些现象的原因，即这件事大家做得不好，原因在哪里；这件事大家做得好，经验有哪些。在分析原因时，可以从两个角度来审视：一是宏观角度，致力于全面分析问题。食育课程缺失的原因分析，食育政策偏离的原因分析，食育理念偏差的原因分析都在这个角度中。二是相对微观的角度，单纯分析一两个方面因素对食育实施效果产生的影响。例如家庭社会资本或教养方式对饮食素养的影响，教师教学风格与食育实施模式的关系，饮食素养对学生学业成就的影响，等等。

（四）研究方法创新

有一些研究问题虽有很多学者涉猎过，甚至得出了较为全面的结论，也不一定意味着不可以再成为自己的研究选题。除了从上述几个维度来思考自己的选题，还有一种比较容易被忽视的方式，那就是研究方法的创新。假如小赵发现关于食育的现状与影响因素已经有很多学者做了调查分析，比较翔实地描绘出了食育的基本状态，这个选题看起来似乎已经没有研究的空间了。这时候，小赵若能转换一下研究方法，不仅仅是从面上去搜集普遍的数据，而是采用田野研究的方式，深入到几个真实的学校环境中去观察和倾听，也许就能发现，不同利益群体对食育持有的看法都有着各自的理由，他们眼中的食育也许是截然不同的几个碎片。忠实呈现不同群体在食育理念、食育实施过程、食育效果评估等方面的观念冲突，尝试去挖掘内在的理由，对于小赵来说，也是非常不错的选题。

（五）跨学科思维

借助其他学科的理论、思路与方法，可以大大开阔研究的思路，对确定选题是大有助益的。对一个研究问题，教育研究者经常会选取和使用哲学、历史学、经济学、社会学、政治学等理论视角或方法，希望能够在这些学科中找到分析问题的切入口及理论依据。但是要注意的是，这些理论不是孤立地存在于某一个学科中的，想要理解某一理论，往往需要去理解整个学科的框架与逻辑。小赵在思考食育这个话题时想到，懂节制、不浪费其实暗含着对生命的尊重与理解，就想从伦理学的角度将选题确定为“东方道德传统中的饮食教育理念”。但是要运用好这个理论与方法，需要真正去学习与积累，不能为了让研究显得高大上而生搬硬套。

以上五种思考维度并不是截然分开的，在确定选题的时候，可以根据研究者自身的积累与兴趣通盘考虑这些因素。最后，小赵将自己的选题初步确定为“家庭教养方式对小学生饮食素养的影响研究”。在思路与方法层面确定好自己的选题后，小赵、小钱和小孙就进入了选题的最后环节，从具体的操作层面上完善选题。

二、确定选题的注意点

在确定好选题以后，有三个方面的问题需要再次问一问自己，那就是选题范围是否合适？选题陈述方式对不对？选题能否进行得下去？

（一）选题范围的界定

对于小赵、小钱和小孙这样初涉教育研究的同学来说，最好的方法是把题目选得小一些，就是我们通常所说的“小题大做”。往往会存在这样一个误区，总觉得宏大的选题才是有价值的、凸显意义的。其实，选题若是超出自己的研究能力，反而会泛泛而谈，通篇言之无物，让研究沦为重复他人观点的“复写纸”。“小题大做”能够让我们聚焦研究问题，在有限的时间与精力里做一个脚踏实地的真研究。小赵感兴趣的饮食教育是一个非常大的概念，应该尽量在这样宏大的概念下面选择一个小的点切入。

一是缩小研究对象的范围。考虑清楚自己要研究的对象是学生、教师、家长等群体还是学校、教育机构等组织。如果要研究的是学生，那么是大学生、中学生、小学生还是幼儿园的小朋友；如果研究的是家长，那么是城市的家庭还是农村的家庭，是家长的社会资本还是职业分类；如果研究的是各类机构，那么是政府组织还是非政府组织。这些对象的选择除了要考虑研究本身的要求外，还要斟酌一下自己实际所处的研究环境。小赵考虑到自己接触最多、最感兴趣的是农村小学生群体，所以将选题修改为“家庭教养方式对农村小学生饮食素养的影响研究”。

二是选择概念的一个方面。可以对较为宏大的概念进行拆解，将其某一个侧面作为自己的选题。“小学生饮食素养”就是一个宏大的概念，可以将其内涵拆解成很多不同的维度。饮食知识、饮食理念等可以用来表征饮食素养的认知层面，饮食热情、饮食价值观、饮食动机等可以用来表征饮食素养的态度层面，饮食习惯、饮食安排、饮食参与等可以用来表征饮食素养的行为层面。“家庭”这个概念也是如此，包括家庭的教养方式、家庭的软硬件环境、家庭的抚养方式等。其中，每一个小的方面都可以依据实际情况再拆分成更细的要点。当然，这样的拆解不是凭空想象的，它需要研究者综合之前介绍的所有原则、方法以及思考维度，形成自己的研究眼光和能力。小赵结合研究与自身的实际情况，将研究选题进一步修改为“家庭教养方式对农村小学生饮食态度的影响研究”。

（二）选题陈述的方式

在确定好选题范围后，最后还要斟酌论文选题的陈述方式。

一是表达要明快、干净、清晰。能够简单明了地表达清楚意思的，就要尽可能简单地表达。不要随意添加与论文无关的词句或概念。有时候，研究选题是在一定的时代背景下提出的，但是研究的内容与这个背景没有直接、必然的联系，那么这个背景就不需要出现在选题中。很多同学常常会使用“基于新课改背景下……的研究”“以 XXX 思想为指导的……研究”之类的选题以显得“时髦”，其实这样做反而造成了研究选题与研究内容的割裂，是不可取的。

二是表达要使用正确的句式。论文选题的陈述要使用陈述句或疑问句，不要使用口号式的句子或祈使句。“一切为了孩子的饮食健康”“我们要关注城市孩子的饮食结构”等句式是千万要避免的。

三是不同的论文风格有不同的表达方式。有这样一种说法，一篇学术论文的最佳表述，就是让非专业人士也能看懂。学术论文的严肃性往往会让人误以为其写作是僵化、固定和缺乏灵气的。其实，一篇好的学术论文必然是具有友好性的论文，即使学理深厚也应该像一个精彩的故事，深入浅出、引人入胜。既然是一个“故事”，那么学术论文的写作也必然体现不同研究者的不同风格。严肃谨慎的研究者，选题表达可能更为“有板有眼”和“标准”；浪漫热情的研究者，选题表达可能更为“洒脱”和有“情怀”。“家庭教养方式对农村小学生饮食态度的影响研究”和“家庭教养方式是如何影响农村小学生饮食态度的?”都是很好的选题表达，没有好坏之分。

项目四　如何分析文献

任务引入

小赵、小钱和小孙已经初步确定了自己的选题，接下来他们面临的问题是：这个选题有没有人研究过？研究了哪些方面？自己的研究又该如何切入呢？这些便涉及文献检索、整理与分析的方法，接下来小赵、小钱和小孙跟随着老师开始了项目四的学习。

学习目标

1. 了解什么是文献
2. 学会检索文献的方法
3. 掌握阅读与分析文献的方法
4. 会写文献综述

具体学习与分析过程如图 4-1 所示。

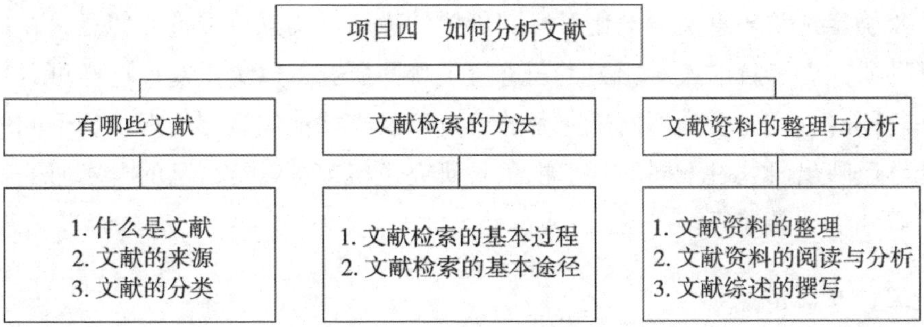

图 4-1　项目四内容结构图

任务一　有哪些文献

在最终确定选题以后，小赵、小钱和小孙就进入了分析文献、文献综述的阶段。文献综述是学术论文中的一个非常重要的部分，如果完成一篇好的学术论文就像投进一个漂亮的三分球的话，对文献的检索、阅读与分析就是隐藏在胜利背后的无数次运球、传球和投篮训练。有时，文献综述还会作为学位论文中单独的章节出现。文献综述能够体现出研究者对现有研究进展的把握程度，在某种程度上也能反映研究者的思维逻辑，因此，文献综述的质量往往会成为判断研究成果质量和价值的重要标准。小赵、小钱和小孙在这个项目中的学习，首先从了解什么是文献开始。

一、什么是文献

《辞海》中对于文献的解释是：原指典籍与贤者，后专指具有价值或与某学科相关的图书文物资料。今为记录知识的各种载体的统称，即以文字、图像、符号、声频、视频等手段记录人类知识的各种载体。这些载体在过去可能只是图书资料，但在当下，还包括一切记录数字化信息的载体。小赵、小钱和小孙即将搜索、阅读和分析的大部分是教育文献，就是记录教育信息与教育知识的一切载体。人类知识与文化不断积累与进步，文献的数量也随之增长，有研究者发现，文献增长与时间成指数函数关系。检索、阅读、分析这些承载着无数人类知识与文明的文献对于学术研究来讲具有非常重大的意义。

高质量的文献可以帮助研究者扩大学术视野，全面了解与研究主题直接或间接相关的知识与信息。依据文献的分布、数量、内容与质量，研究者还可以进一步确定选题的意义，深化对研究价值的理解。文献更加重要的意义在于可以帮助研究者了解前人对相关主题进行了哪些研究，以免重复，这样可以提高效率。同时，还能看到不同研究者的观点以及支撑他们观点的理由。不同的理由能够反映出研究者不同的学术视角与研究逻辑，可以给自己的学术研究甚至是学习和生活带来很多启发。

二、文献的来源

阅读文献的第一步就是要知道去哪里找到自己所需的文献，对于小赵、小钱和小孙这样的大学生来说，有两种既便捷又有效的方式，一是借助实体空间，二是借助虚拟空间。

（一）文献的实体空间源

城市图书馆、高校图书馆以及学院（系部）的资料室是获取文献最重要的地方，他们有着各自不同的特点。城市图书馆的藏书量巨大，定位是面向大众，所以会储备很多通识类书籍，想要拓宽学术视野、大范围寻找基础理论等，在这里可以找到相关的文献。高校图书馆更加具有专业性，馆藏侧重于专业文献与学术研究文献。突出的优点是针对性强，文献获取便利，并且能够提供适合大学生进行学术研究的良好环境。学院（系部）资料室的专业性更强，提供的文献更加聚焦，一般都会囊括相关学科或专业重磅、经典、权威的文献，同时还可能提供很多仅供专业人员内部参阅或者未曾公开发表过的文献，对学术研究有着不容小觑的作用。当然，除了上述三个文献来源外，博物馆、档案馆、教育行政部门、教育科研机构、学术团体或协会等也是各类教育文献的重要来源。

（二）文献的虚拟空间源

信息技术发展到今天，人们获取信息与知识的方式与习惯已经发生了翻天覆地的变化。几十年前，一篇几万字、十几万字的学术论文需要在草稿上一遍又一遍修改后再工工整整地誊写。一整天废寝忘食地钻进图书馆、资料室查阅文献是大部分人进行学术研究的常态。现如今，大家已经逐渐习惯“信息必须在手边”的状态，电脑没有网络、手机没有信号几乎寸步难行。因此，虚拟空间逐渐成为文献的重要来源，与物理空间旗鼓相当，甚至有超越之势。

大部分实体空间中的文献（尤其是近年来出版的）都可以在网络上找到相应的电子形式。出版社出版专著或教材时，会提供相应的电子书购买地址与下载网址；在当当、亚马逊、京东、淘宝等平台上购买书籍时，也能看到页面上附有相应的电子书链接。除了在邮局订阅、购买期刊之外，现在还可以通过各个期刊的官方网站获取文献基本信息或全文。另外，通过手机关注期刊的公众号也能够在第一时间收到权威论文发表的推送消息。政府部门的官方网站上可能也有各类与教育相关的年鉴，政策、资料汇编等；国际、国内各类科研机构、非政府组织也会在网上共享相关数据库与研究报告。

储存文献的实体空间与虚拟空间共同构成了完整的文献来源，它们有各自的长处与短板。例如一些珍贵的历史资料文档可能无法在网上获取，部分重要的数据资料通过网络获取的价格昂贵而在图书馆却能很容易调阅；图书馆或资料室的容纳空间和更新速度终归是有限的，在这方面互联网有着不可取代的优势。小赵、小钱和小孙首先要善于结合自己的研究特点与需求去寻找文献，同时也不要忽略身边的专家、教师与同学，他们与教育或教育研究有关的经历、经验与体会，本身也是一种重要的文献来源。

三、文献的分类

不同的标准产生了不同的文献分类方式，但在学术论文写作过程中接触最多的文献分类方式主要有三种。

（一）按不同的文献载体分

按照不同的文献载体，文献可以分为印刷型文献、视听型文献与机读型文献。

印刷型文献。印刷型文献是以纸为媒介，用文字、符号或代码表达信息，通过各种印刷方式记录、保存信息的文献，是最为传统的文献形式。它的优点是便于阅读，在电子文献异军突起的今天，仍然有很多人更喜欢印刷型文献无可替代的阅读体验；它的缺点是占用空间，不易搬迁，保存成本高。

视听型文献。视听型文献是以声频、视频等为媒介，记录与保存、表达与传递信息的文献。主要包括电影、电视、公开课等。视听型文献虽不是最为常用的文献类型，但却在教育观察和教育实验中有着较为广泛的应用，只有它可以直接还原实际的教育情境。

机读型文献。以光盘、硬盘为媒介，记录与保存、表达与传递信息的文献。这种文献与印刷型文献相对，必须要通过计算机、手机、平板电脑等电子设备阅读。它的显著优点是不占空间，携带方便，易于保存与分享；缺点是阅读体验因人而异，对阅读者信息素养的要求比较高。

（二）按不同的加工程度分

按照加工程度由低到高，文献可以分为零次文献、一次文献、二次文献和三次文献，文献的加工程度渐高，可信度渐次降低。

零次文献。零次文献是指没有进行过加工的手稿、信件、日记、原始数据记录等。在所有文献类型中，它的可信度最高。

一次文献。一次文献是指直接反应事情经过，反应新的研究成果、新的知识与技术的，具有一定发明创造和一定新见解的原创性文献。文献的作者是事情的直接记录者。一次文献具有很高的学术价值，在学术论文的写作过程中可以直接参考与借鉴。专著、学术论文、调查报告、会议论文、专利、档案都属于一次文献。

二次文献。二次文献是对一次文献进行加工和提炼之后形成的文献。与一次文献相比，二次文献不是新的研究成果、新的知识与技术的原创性呈现。二次文献的目的在于方便查找与检索分散的一次文献。年鉴、索引、文摘、辞典等属于二次文献。

三次文献。三次文献是对一次文献、二次文献进行梳理与分析后撰写的文献。与二次文献一样，三次文献不是原创性呈现新的研究成果、新的知识与技术，旨在进行文献研究。但三次文献包含海量信息，覆盖面广、凝练性强，是非常高效的参考文献。研究综述、进展报告、专题评述、数据手册等属于三次文献。

（三）按不同的出版形式分

按照不同的出版形式，文献主要可以分为图书、期刊论文、学位论文、会议论文、政府报告、报纸等。其中，图书、期刊论文和学位论文是小赵、小钱和小孙这样的大学生最常用的文献类型。

图书。图书是现代出版物中最常见的类型，涉及面广、数量多，是学术论文写作的主要参考资料。学术论文写作主要会涉及专著、丛书、教材、年鉴等图书类型。其中，专著的学术价值很高，但是出版周期长，所收的数据与信息得不到及时更新。教材主要用于教学而非研究，但是教材本身可以成为研究问题或研究对象。年鉴是实证研究非常得力的助手，它可以大大减少搜集数据的工作量，在研究过程中要好好加以利用。

期刊论文。期刊论文是学术研究中使用最频繁的文献类型。相对图书来说，期刊论文发表周期短，篇幅有限，更为简洁明快，同时也包含着最新、最前沿的学术信息。由于高质量的期刊论文需要通过同行评议，所以它们具有一定的权威性与可靠性。国内最权威的教育类期刊都被 CSSCI 与中文核心期刊收录，但期刊名录会定期变动。

学位论文。学位论文相对系统、全面，是了解前人研究成果的重要文献。但因各个学校的要求和把关不一，论文质量参差不齐，在引用和参考时要注意仔细甄别。初涉研究者尤其要注意，不能因为学位论文论述全面就大批量参考、引用，这样做一是会涉及学术规范问题，二是成熟的框架反而是对自己思考的限制。

除了上述三类文献外，会议论文能够体现最新的学术观点与学术动态，同时也能帮助你了解所感兴趣的研究者的学术动向；政府报告对把握政策、判断趋势很有帮助；报纸面向一般的非专业读者，但是可以通过它了解宏观环境的变化与趋势，对学术研究也能起到潜移默化的作用。

任务二　文献检索的方法

小赵、小钱和小孙知道了什么是文献，也初步了解了应该去哪里能找到它们。但是面对海量文献，如何精准地把握自己所需的并挑选出来呢？美国文献家赫伯特说过，知识的一半是知道到哪里去寻找它。明日的文盲，不是不能阅读的人，而是缺乏检索能力的人。

一、文献检索的基本过程

（一）分析选题

文献检索的起点是学术研究的选题。选题包含了研究最为核心的要义，因此，耐心仔细思考选题包含的最关键问题，是进行文献检索的第一步。小钱在完成项目三之后，确定了自己的选题为“小学生‘影子教育’到底是什么样的？——来自质性研究的证据”。小钱这个选题最需要搞清楚的是“影子教育”概念的内涵与外延，最关键问题是“影子教育”的实际情况，所需要的文献应该是国内外有关“影子教育”的界定、实际情况的调研以及各种研究类型的研究结论。另外，小钱还需要根据自己的研究需要，确定文献检索的时间节点、是否需要拓展至教育学以外的学科以及是否需要检索外文文献等。

（二）确定检索词

检索词是进行检索所使用的词句，有两种最主要的确定方式，使用主题词或关键词。最全面且最具效率的方式是围绕研究主题选择检索词，但如果所用检索词导致检索结果过少，就需要考虑同时将近义词或是能够囊括该检索词词义的上位词语作为检索词。检索词的限定词越多，检索出来的结果就越少。小钱到底是使用“影子教育”还是“小学生影子教育”作为检索词，需要根据实际检索到的文献数量灵活选择。

也可以将学术论文的关键词作为检索词，这个方法比较简便。但由于研究者同一主题的研究成果在选用关键词时存在个体差异，因此使用关键词检索有可能会缩小检索范围。从研究内容中选择检索词也是可行的方式，但研究内容信息量大、涉及面广，需要研究者对研究内容有很好的把握能力。“影子教育”“课外辅导”“剧场效应”“补习”等都可以作为小钱查找文献的检索词。

（三）确定检索方法

实用性较强的检索方法可以分为顺查法、逆查法和引文查找法。

顺查法是以检索主题的研究发生时间为起点，按照由远及近的时间顺序搜索并获取文献的方法。研究课题重大、研究时间充裕的情况下，一般使用顺查法，用这种方法查到的文献资料最为全面。

逆查法是与顺查法相对的文献检索方法，它以当下的时间为起点，按照由近及远的时间顺序搜索并获取文献。研究主题较为前沿、前人研究成果较少的研究一般使用逆查法。

引文查找法又称跟踪法或追溯法，就是在已有文献列出的参考文献中查找符合自己需要的文献。这是一种非常有用的文献检索方式，通过这种方法可以找到相关研究领域的经典文献或是受到研究者们高度认可的文献。

（四）获取文献

在检索到自己所需文献后，就可以以适当的方式获取文献了。纸质文献的获取可以通过购买或借阅的方式，电子文献的获取一般通过付费下载、电子邮件申请以及注册后免费下载等形式。目前国内应用最为广泛的电子文献数据库提供的服务大都需要付费，如果以个人名义注册或登录会支付相对高昂的费用。此时如果借助百度学术的检索功能，可以比较方便地查阅各类文献的下载权限，找到一些免费的下载链接。（图 4-2）国内大多数高校都会统一购买国内外主流的电子文献数据库，因此学生通过局域网或者高校图书馆网络可以登录这些数据库，免费获得所需文献。

图 4-2　使用百度学术平台检索免费电子文献

二、文献检索的基本途径

文献检索有手工检索与计算机检索两种基本途径。

（一）手工检索

在计算机与互联网普及之前，手工检索是进行文献检索的唯一方式，但在现代信息传播与获得模式下，手工检索一般被大学生作为计算机检索的辅助方式。研究者可以根据文献题目、作者姓名、国际标准书号（ISBN）和中国图书馆分类法进行手工检索。

根据题目或作者姓名检索就是指研究者已经知道所需的文献题目或作者姓名，在图书馆、资料室、档案馆等实体空间查找文献。它的缺陷是，如果所查文献是图书则较为容易，论文、研究报告等类型的文献类型查找起来会相对困难。

文献的国际标准书号（ISBN）是专门为识别图书等文献而设计的国际编号。过去 ISBN 由 10 位数字组成，自 2007 年 1 月 1 日起，实行新版 ISBN。新版ISBN由13位数字组成，分为5段。例如《深入学习习近平关于教育的重要论述》一书的ISBN为978-7-01-020655-4，第一组号码段978是新版ISBN新增的欧洲商品编号；第二组号码段7代表中华人民共和国的组区号；第三组号码段01是人民出版社代码；第四组号码段020655是书序码，代表人民出版社自实施标准书号以后出版的第020655种书；第五组号码段4是校验码，用来检验编号转录过程中是否有误。ISBN一号一书或一号多书，国际通用，通过ISBN可以非常精准地查找到所需文献。

《中国图书馆分类法》是中华人民共和国成立后编制出版的一部具有代表性的大型综合性分类法，是当今国内图书馆使用最广泛的分类法体系，简称《中图法》。通过这种方法可以非常清晰、系统地按照学科分类在图书馆或资料室查找所需文献。《中图法》采用汉语拼音字母与阿拉伯数字相结合的混合号码，用一个字母代表一个大类，大类下细分的学科门类用阿拉伯数字表示。例如G表示文化、科学、教育、体育大类，G40表示教育学，G40-015表示劳动教育。

（二）网络检索

网络检索是相对快速、便捷的文献检索方式，已经成了学术研究的主流检索方式。通过计算机浏览器、平板电脑或手机APP、各类阅读器都可以非常高效地对文献进行检索。

1. 常用的检索平台

最为常用的检索平台包括文献数据库、搜索引擎与门户网站。

常用的中文文献数据库包括中国知网CNKI（http：//www.cnki.net/index.htm）、重庆维普（http：//www.cqvip.com/）、万方数据（http：//www.wanfangdata.com.cn/index.html）、爱学术（https：//www.ixueshu.com/）等。这些数据库收录的期刊论文比较全面，且有提供免费下载的机会。教育研究最常使用的外文数据库是ERIC（http：//www.eric.ed.gov/），其只提供小部分论文的全文下载，且购买费用昂贵，可结合学校对各类数据库的购买情况灵活选择。

百度学术是对学术研究有直接帮助且最稳定的搜索引擎。通过百度学术可以全面了解所需文献的下载权限，对于暂时无法免费下载的国内外文献，还提供全网求助功能，是非常实用的文献检索工具。

如果能够充分利用各类门户网站，将会有很多意想不到的收获。首先是各个政府部门的官方网站，包括中华人民共和国教育部官网（http：//www. moe. edu. cn/）、各省教育厅官网、国家统计局官网（http：//www. stats. gov. cn/）等。通过这些网站，可获得最新、最权威的政策法规、统计数据以及发展导向等方面的数据资料。其次是各类国际组织或机构的官方网站，包括联合国教科文组织（https：//zh. unesco. org/）、世界经济合作与发展组织（http：//www. oecd. org/）、世界银行（https：//www. shihang. org/）等。通过这些网站，可以获得全球性的教育状态数据、教师与学生的各类测评工具、数据库与研究结果报告等。最后还可以登录一些学术研究的专业论坛，在每一个专门板块里，也会有学者们共享的非常珍贵、难以公开获取的文献资料。

2. 使用中国知网检索的基本步骤

使用网络检索文献资料的方法都基于通用的信息技术，所以它们的基本步骤大同小异。在这里以小钱使用中国知网检索为例，呈现文献检索的基本方法。

第一步：进入知网页面，选择搜索方式。通过学校图书馆网站，找到常用数据库入口，点击进入中国知网主页（每个高校的进入方式可能略有差异）（图 4-3），在主页上找到搜索框进行文献检索。中国知网的文献检索方式很多，对大学生而言，最为友好且实用的方式为“高级搜索”。

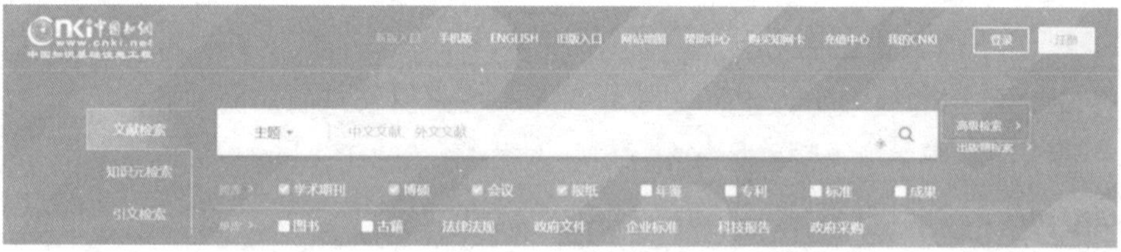

图 4-3　中国知网主页的检索界面

第二步：进入高级搜索界面后，选择所需的文献类型，包括文献、期刊、硕博士论文、会议、报纸、图书、年鉴、百科、词典、专利、标准、成果等。小钱选择了“期刊”类型进入相应的界面。

第三步：输入检索条件。小钱以“影子教育”为检索词，选择“主题检索”方式检索相关期刊。（图 4-4）同时，对来源期刊的级别进行限定，搜索来自“核心期刊”与“CSSCI 期刊”的论文。我们可以看到，除了小钱进行的限定之外，还可以对发表时间、作者姓名、作者单位、支持基金进行限定，最后点击“检索”按钮进行检索。

图 4-4　输入检索条件的页面

第四步：精准下载文献。经过检索，小钱在文献列表中（图 4-5）可以看到一共有 94 条符合检索条件的结果。可以按照主题、发表年度、研究层次、作者、结果和基金对这些论文进行分组浏览。也可以用排序的方式找到最贴合自己需求的论文，可以按照“相关度”“发表时间”“被引量”以及“下载量”对论文进行排序。这是一个非常有用的技巧，通过相关度排序可以找到最符合检索主题的文献；通过点击“发表时间”可以非常轻松地找到最新发表的相关文献以及最早发表的相关文献；通过被引量和下载量排序，可以找出较多被引量和下载量的文献，这往往意味着这些文献是该研究领域比较经典与权威的。最后只要点击文献标题就可以选择以自己喜欢的文献格式下载了。

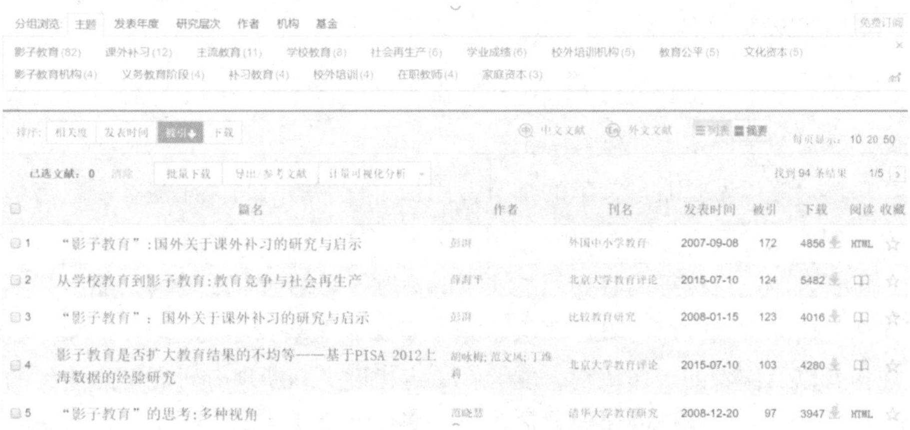

图 4-5　符合检索条件的文献列表页面（部分）

任务三　文献资料的整理与分析

当所需的文献通过手工检索或网络检索的方式全部下载完毕后，小赵、小钱和小孙就要最后对文献进行整理、阅读与分析，并撰写文献综述。

一、文献资料的整理

文献资料的整理过程不是一蹴而就的，随着研究的持续进行，会有越来越多的文献补充进来，从研究伊始就养成对文献进行整理归类的习惯，将有利于澄清研究思路、快速准确地查找所需的信息。

按照文献的不同类型进行归类是最基础的做法。纸质文献与电子文献的储存媒介不同，分类方式自然不同，但有很多研究者习惯将最重要的或频繁使用的电子文献打印出来，以便查找阅读。按照文献发表的时间归类可以非常清晰地把握研究主题的发展脉络，也可以判断该主题未来发展的大致走向。纸质文献可以按照时间顺序进行归档，电子文献可以将具体的发表日期写入文件名中进行排序。也可以准备一本记录本，简要记录检索文献的原因，文献的基本信息、基本观点等，便于论文写作需要文献支撑时迅速定位相关文献。

除手工整理外，也可以借助 endnote、Refworks 等文献管理软件对电子文献进行管理，但由于此类软件对文献的下载、归档、追溯比较便利，反而常常会导致很多归档的文献质量不高，这是在使用过程中需要注意的。

二、文献资料的阅读与分析

整理好文献后，就可以开始阅读与分析了。阅读与分析文献时，可以遵循先略读、后精读的步骤并做好笔记。

略读。略读就是略过文献的细节，用相对较少的时间关注基本信息与基本观点，判断文献是否能够为研究所用。文献的基本信息包括标题、摘要、关键词、作者、研究机构等内容。通过文章的标题、总结句、关键词，能够基本确定文章的研究主题；序、书评、摘要是了解文献主要内容与基本结论的捷径；关注作者以及作者的工作机构，能够在一定程度上判断现有研究可能达到的广度与深度，以及该领域的研究群体情况。通过浏览这些信息，基本可以判断出文献能够提供哪些有用信息，是否可能成为自己研究的主要参考材料以及是否是后续研究需要精读的文献等。

精读。略读所有文献后，再对筛选出来的重要文献进行精读。精读时关注的是文献的词句、逻辑结构、作者观点及其背后的理由。通过对重要文献的精读，可以掌握其他研究者对于同一研究问题持有的观点与看法，弄清楚他们是从什么角度提出观点的，支撑这些观点的理论基础是什么，不同观点之间的差异在哪里，在研究方法上是否有不同的侧重。梳理这些信息，才能全面掌握相关研究的现有信息与进展。另外，在精读的过程中要特别留意文后的参考文献，这是发现权威文献与经典文献的绝好机会。

做笔记。阅读与分析文献时，要手脑并用，勤快地做好笔记。做笔记有做摘录、写摘要、列提纲、做记号、写批语五种基本方法。一是做摘录。就是把文献中非常重要的句子原封不动地抄写下来，后续一般会作为自己论文的引文使用。摘录好原句后，一定要及时按照引用格式标注好文献的基本信息以及所摘句子在原文献中的页码，这样会大大减少后续论文撰写的工作量。二是写摘要。这是将文献中有用的信息用简短的语言记录下来，起到提示的作用。三是列提纲。以提纲的方式记录文献的基本结构与基本逻辑。四是做记号。做记号是用颜色或符号标记文献中需要注意的内容。五是写批注。写批注是非常个性化的方法，指将自己读文献时的感受、观点、看法以及疑问写在空白处。写批注可以忠实捕捉在研究过程中乍现的灵感，所以不必过分拘泥形式。

在阅读与分析文献的过程中，不能完全盲从文献、相信资料的可靠性。要始终秉持反思精神，带着批判的眼光去看待现有研究的思路逻辑、研究方法以及研究内容，思考现有研究在哪些方面还具有修正或完善的空间。当所有需要精读的文献都已经阅读分析完毕之后，小赵、小钱和小孙就进入最后的实际操作环节，即撰写文献综述。

三、文献综述的撰写

不同的期刊论文对文献综述的要求是不同的，有的期刊论文将文献综述作为专门的一段，有的期刊论文的文献综述零散地分布于全文用以佐证观点，而学位论文中的文献综述一般会用单独的章节来呈现。在这里我们所讨论的，是指作为论文单独段落或章节的文献综述的撰写方法。

（一）什么是文献综述

文献综述是指在全面搜集、整理、阅读、分析相关文献资料的基础上，对一定时期内某个主题或问题的研究成果和进展进行系统、综合的叙述和评论。文献综述的核心要点就是有“综”有“述”，即既要全面综合现有的研究成果，也要对这些成果进行评述。

（二）撰写文献综述的目的

小赵、小钱和小孙撰写的是自己的学术论文，表达的是自己的学术观点，为什么要对以往的研究成果进行综合和评述呢？撰写文献综述的目的到底是什么呢？主要是实现四个目的。

一是了解相关研究领域的研究水平与进展。了解已有的研究结论，就可以站在前人或巨人的肩膀上认识事物，起点更高，看得更远，也能大大减少研究的工作量。但这并不意味着全盘接受现有的研究结论，仍然需要认真反思现有研究的不足甚至错误。

二是浓缩、集中和系统地呈现观点。文献综述是对以往研究的提炼，据此可以非常高效地了解相关研究领域的研究状态与发展趋势。因此，文献综述要力求简练明晰，应该尝试用自己的语言概括已有观点与内容，切忌洋洋洒洒地堆砌原文。

三是展望相关研究未来的发展。通过文献综述，能够有力地说明相关研究领域未来的研究方向，现有研究的空白处与矛盾处都可能成为未来研究的发展方向。同时，在检索的过程中可留意突然出现的语词，有些新出现的观点也可能预示着未来研究的动向。

四是表述自己的观点，提出自己研究的必要性。这一点是文献综述最本质的目的，却往往最容易被初涉研究者忽视。要切记文献综述与自己的学术论文是密切相关的，综述中呈现的他人观点，都要用来支撑自己研究观点的提出。文献综述必须判断出已有研究取得的成就，指出已有研究的不足与有待改善之处，说清与以往的研究相比，自己的研究问题、研究内容、研究结论的突破点与价值何在。千万要注意不能让研究综述沦为堆砌其他学者观点的大杂烩。

（三）文献综述的基本内容

1. 概述

与学术论文的基本结构一样，文献综述也需要介绍进行综述的基本理由与基本信息。应该在开头简要说明论文写作的目的，介绍核心概念以及综述的范围，也可以扼要说明有关主题的现状或争论焦点。

以小钱的综述为例：

> 研究期望探索各方利益主体对“影子教育”所持有的真实想法及理由。以“影子教育”为关键检索词对现有文献进行检索。由于课后补习是“影子教育”的一种，而学术界对课后补习的研究较多，为了更详尽地了解研究动态，使用了“课后补习”和“起跑教育”作为近义词进行检索。以“中国知网（CNKI）”为主要数据库，以“核心期刊”与“CSSCI”为来源刊，共搜索到相关文献 286 篇。从影子教育的内涵、小学生影子教育实施现状、影子教育的效应三个方面对现有研究状况进行述评。

2. 主体部分

文献综述应该与后续的论文章节高度相关，因此很多研究者会保持文献综述的结构与文章整体结构的一致，起码在逻辑上是不冲突的。一般来说，文献综述的主体内容会包括现有研究对核心概念的界定、关于现状的调研结果、产生问题的原因分析以及解决问题的方法。不同的研究类型有着不同的研究结构，因此文献综述的基本框架也没有固定的套路，需要研究者根据研究的实际情况，以及现有研究的实际进展来确定。

3. 研究评述

研究评述可以单独成段，也可以紧随现有研究观点叙述之后。主要包括对现有的研究状态、研究进展、研究趋势进行评述；突出说明现有研究的重点和热点，研究者的共性与争论，客观呈现或做出判断；也可以对现有的研究类型或研究方法进行反思，指出未来研究可能存在的空间。

4. 结束部分

文献综述也是一个动听的“故事”，故事有开头、经过、高潮，也需要有结尾。因此，在对现有研究评述过后，不要戛然而止。应该简要总结现有研究的基本状态与不足，指出其中的缺失或矛盾，提出自己研究的突破、贡献与价值，并对未来的研究进行预测与展望。

（四）撰写文献综述的常见错误

先看一个关于劳动教育研究论文的综述案例：

一、关于劳动教育的概念界定

《中国大百科全书·教育》将劳动教育定义为："使学生树立正确的劳动观点和劳动态度，热爱劳动和劳动人民，养成劳动习惯的教育，是德育的内容之一。"苏霍姆林斯基认为："劳动教育是对年轻一代参加社会生产的实际训练，同时也是德育、智育和美育的重要因素，能培养人的道德品格和智力品格。"肖绍明、扈中平指出劳动教育不同于教育劳动，后者把教育看成是与文化劳动、生产劳动等相并列的一种劳动形式，而劳动教育是教育的一种形式，不仅是人类改造和适应自然的有目的的行为，更是人类生物活力和积极性的彰显。

二、小学生劳动教育的现状

…………

上面的这个示例是撰写文献综述时最为常见的错误。其特征主要有以下两点：

一是以姓名或年份为线索流水账一样罗列研究结果，未说明所列观点之间存在什么联系（相似或是冲突），也未说明所列观点与自己的论文有何关系。在这个示例中，所有观点之间没有逻辑，杂乱无章地呈现了概念解释、名人名言与学术观点，但三者之间到底是什么关系，与研究者自己的核心概念之间是什么关系均没有说明清楚。

二是大量引用原文，没有观点评述。文献综述虽然全面综合，但也十分强调凝练性，对于自己想要呈现的观点与结论，要用清晰明快的语言表述出来。在以上示例中，研究者仅仅引用了原文，没有进行提炼，也没有对观点做出任何评述。

下文是小钱撰写的研究综述，总体上是不错的，但也有值得改进之处。

……国外对影子教育的研究早于我国，其研究成果对我国的研究具有一定的启示作用。梳理国内外有关影子教育的研究文献，可对前人研究成果进行分类和归纳，进而迅速地了解当前"影子教育"的发展现状及趋势。笔者将从以下几方面对"影子教育"的现状进行叙述。

（一）影子教育的起源及现状

影子教育也称为课外教育或补习教育。最早研究影子教育的是美国学者史蒂芬森（Stevensen）和彼克（Baker）。他们认为影子教育是旨在提高学生学业成绩的校外补习教育。而在我国影子教育的相关研究则是从20世纪末开始的，在影子教育与其相关要素关系的研究中，很多国内学者借鉴了马克·贝磊的影子教育思想，即研究影子教育与主流教育、社会和经济中某一个要素或几个要素的相互影响。贝磊在《理解主流教育与私人补习的关系：香港中学生的模式和声音》中指出，影子教育是主流教育的补充，学生选择影子教育的动机是提升考试分数、更好地学习学校课程。国内学者彭湃（2008）指出影子教育作为舶来品，应主要从经济、文化、教育等维度对其进行分析，借鉴并融合其他国家规范课外补习和解决课外补习问题的经验。

（二）影子教育存在的问题

我国学者薛海平和丁小浩（2006）对中国城镇学生教育补习活动的研究表明：所调查的城镇在校生，有超过一半的学生参加了影子教育。他们还对我国义务教育阶段的学生参加课外补习的时间做了相关调查，发现小学生每周接受教育补习的时间大约为9个半小时，普通中学学生平均为10个半小时，随着年级的升高，补习的强度增大。卢阳（2005）对四川成都348名小学生课外教育情况的调查结果显示，85%的学生参加了课余补习，高年龄组学生涉及的领域更为广泛；学生每周参加各项补习以及自行练习的时间较长，课余负担较重。同时小学生参加课外补习并非中国大陆独有，在日本、韩国、我国港澳台地区以及东南亚地区也十分普遍，可见是一个国际普遍存在的现象。据相关部门统计，2014年的日本公立小学补习率达到35.7%，公立中学补习率为70.1%。2015年韩国小学补习率更是高达80.7%，中学补习率为69.4%。

由此可见，在当前背景之下，影子教育大有全球化趋势。另外家长和学生对课外补习的盲目崇拜是影子教育迅速发展的主要推动力之一，从相关数据也可以了解到学生对影子教育的参与度非常高，而且参加影子教育的时间普遍较长。

（三）影子教育兴起的原因与效应

影子教育的兴起是社会、经济、文化、教育、家庭等多重因素共同作用的结果。学生参加影子教育主要有以下两方面原因。

第一，学生和家庭方面。国内学者彭湃在他的《城市义务教育阶段学生课外补习的实证研究——基于武汉市洪山区的调查与分析》中得出的结果表明：绝大多数学生认为参加补习后学习“进步很大”或“进步了一点”（合计约占85%）。由此可见对学生而言，参加课后补习使自己的学习成绩有明显的提高。在家庭层面，当今“文凭病、高学历”效应不断影响着社会和家长，父母为了孩子的前途更希望借助于影子教育来提高子女的学习成绩。韩国的李秀晶（Soojeong Lee，2015）等人发现父母对影子教育的经济投入与对著名大学的渴望程度有关，父母在对子女影子教育的经济投入上具有“声望导向”，那些收入较高的父母更愿意为子女寻求影子教育。胡咏梅（2015）等人基于2012年中国上海学生的样本分析发现，经济社会地位较高的家庭在课外补习活动中的费用支出明显高于经济收入较低的家庭，从中可以看出不同经济水平的家庭在影子教育中的费用支出是不同的。

第二，教师和学校方面。有学者认为小学生参加影子教育的比例如此之高的一部分原因是学生在学校获取的知识有限。祁占勇、王莹、袁诗婷（2019）在相关研究中指出当前社会对英语学习的重视程度提高，但学校教育师资力量不足，促使学生和家长向课外寻求教育资源，使得各式各类的基础教育阶段的英语课外培训机构迅速发展。薛倩倩（2019）认为影子教育对我国的基础教育有消极影响。她指出：一方面，由于我国教师工资标准不够完善，课外辅导机构的高工资和优厚待遇往往能吸引很多体制内的教师加入影子教育这个大行列。另一方面，在校内外同时任职的部分教师为了获得更高的劳动报酬，甚至在课堂教学时“有所保留”，鼓动学生参加校外的影子教育。陈晓陆（2014）在硕士论文中论述了影子教育与学校教育既是冲突又是合作的关系，两种教育在相克相伴中走向新生。

影子教育自诞生之初就与学校主流教育不同，作为私人开办的有偿性的课外补习活动，学生的家庭、所在地区，甚至是学生性别等方面存在的差异，使得他们在课外补习中接受影子教育的机会有所不同。如学者陈全功（2012）对影子教育的地域延展及社会效应进行分析，认为影子教育具有社会复制和社会分层两大效应，会导致教育不平等的结果。

从以上文献资料可以看出，国内外研究专家对影子教育的研究范围已十分广泛，涵盖了社会学、经济学、教育学、伦理学等多个角度，其研究视角多元化，可以为解决当前我国中小学影子教育中出现的新问题提供新思路、新依据。

（四）各国影子教育的政策对比

马克·贝磊曾对个案进行研究，将政府对影子教育所实施的政策归为四类：忽略此现象、禁止教育补习、承认并规范和积极鼓励。根据其理论，世界各国在对待影子教育这个问题上也出台了适合本国情况的一些法律条例。以日本和新加坡两国为例，日本将课外辅导机构认定为教育服务产业，归经济产业省管辖，并受文部科学省监督，由《公司法》《法人税法》《特定商交易法》《儿童权利公约》等法律法规进行约束。成立经济产业省下属机构“日本全国学习塾协会”，专门负责规范协调整个课外学习辅导班市场，加强了法务、讲师资格认定和培训、课外辅导机构的认证。而在新加坡，提供课外补习的教师，全部来自课外补习机构，学校在职教师被明令禁止在补习机构授课。近期教育部等四部门印发的《关于切实减轻中小学生学习负担开展校外培训机构专项治理行动的通知》中明确指出要整顿相应的影子教育乱象，就表明影子教育这个问题得到了政府的高度重视。

通过观察比较世界各国对待影子教育的相关政策，可以看出在当今全球化合作与发展的国际环境下，影子教育在各国中的形式趋于一致，各国政府对此现象的政策调控也趋于相似。而且影子教育正由重视考试技巧的传授向注重学生兴趣培养及批判性思维、创造性思维的培养转变。

值得肯定和需要改进的部分分析：小钱有关影子教育的文献综述对影子教

育的现状、问题、原因、政策进行了梳理，结构清晰、评述客观，没有出现“罗列观点”“有综无述”等明显错误。但是小钱对国内外文献的检索仍有欠缺，没有完全覆盖到该领域的核心文献。另外，本科二年级学生的学习积累与生活阅历尚浅，小钱对现有研究的评述大部分还停留在“总结”的层面，缺乏对观点的深入解读与分析，也没有在此基础上进一步提出自己研究的缘由、观点或突破创新之处。

项目五　如何收集数据

任务引入

小赵、小钱和小孙经过了选题定题，学会了如何分析与整理文献，现在终于要将自己的研究设想付诸实践了。那么，小赵、小钱和小孙应该采用何种方法收集数据呢？有哪些研究路径呢？若采用网上调研数据的形式收集数据，怎样保证所有参与者认真而不是随意地填答问卷呢？这些问题都涉及研究方法的使用。

学习目标

1. 掌握数据收集的常用方法。
2. 学会运用合适的路径和方法收集数据。

具体内容如图 5-1 所示。

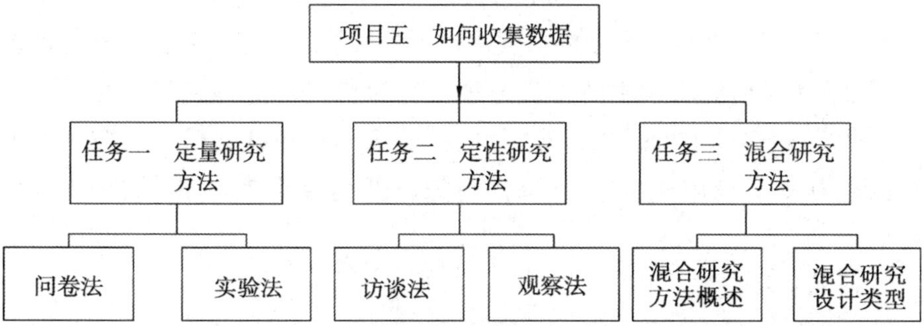

图 5-1　项目五内容结构图

任务一　定量研究方法

目前收集数据的路径主要有三种：定量研究（或称量化研究）、定性研究（或称质化研究）和混合研究。首先来看定量研究方法。

定量研究方法主要包括问卷法、实验法、测量法等，这里主要介绍比较常用的问卷法和实验法。小赵想要了解农村小学生饮食态度到底是怎样的，与他们家庭的教养方式之间有什么关系，就可以借助问卷法搜集相关信息。那么小赵应该怎样设计问卷，需要注意哪些技巧呢？

一、问卷法

（一）问卷法的特点和类型

1. 问卷法的特点

问卷法（questionnaire survey）是研究者使用统一、严格设计的问卷来收集调查对象心理和行为数据资料的一种研究方法。例如，想了解小学生家庭教养方式的情况，可抽取一定数量的样本，采用信效度较高的家庭教养方式问卷进行调查研究，最后对收集的数据进行统计分析。

问卷法的最大优点体现在短时间内可收集到大量的资料，效率高，简便易行。但是，这种方法也存在不可避免的缺点：首先，若问卷中问题设计不合理，可能会偏离研究目标，得到无关或相关性不大的信息。其次，问卷调查会存在社会赞许效应（social desirability effect），这是指调查对象给出的答案是社会一般人所希望、期待、接受的。大多数人越喜欢的行为，其社会赞许性也越高。例如，为了研究小学生的说谎心理及行为特点，将一道题目设计为“你说过谎吗？”较多学生可能会回答“没有”。为了避免社会赞许效应，可采取一些必要的技术措施来加以防备，例如，可间接询问“你周围同学说过谎吗？”

2. 问卷法的类型

（1）结构型问卷与无结构型问卷。根据问卷回答形式是否有限制，可分为结构型问卷和无结构型问卷。

结构型问卷又称封闭式问卷，是对所有调查对象给出一致的题目，对回答有一定结构限制的问卷类型。其优点是回答简单、省时，资料便于统计分析。

无结构型问卷并非真的完全没有结构，而是其结构较为松散。这种问卷回答属于开放式，没有固定的回答格式与要求，多用在研究者对某些问题尚不清楚的探索性研究中。其优点是可得到更丰富的资料，可进行较深入的研究。

（2）纸质问卷和网络问卷。根据问卷的调查形式，可分为纸质问卷和网络问卷。

纸质问卷的优势是数据质量相对较高，若研究者现场指导参与者作答，效果更好；劣势是成本高、便携性差、传播面窄。

网络问卷通过作答链接、二维码等形式就能发放给被试，传播快速且范围也比较广，作答好的数据也能够批量导出。网络问卷的平台主要有国内的问卷星和国外亚马逊旗下的 MTurk。网络问卷覆盖范围广、收效高，受到研究者的广泛青睐。但由于网络本身的隐蔽性，使这种调查方法存在一定的局限，如数据的真实性不可控。不过，在统计前，可事先删除按规律填写、回答明显不合理、连续选择答案相同（如连续 10 个题目以上）等存在明显问题的调查对象的问卷数据。

考虑到问卷发放的实际情况，小赵决定使用结构型的网络问卷来搜集所需信息。

（二）问卷的结构与设计

编制问卷必须目的明确具体，并提出明确的假设，围绕假设来设计题项。首先，要先确定问卷调查的目的，小赵编制的问卷是为了调查小学生的饮食态度与家庭教养方式的基本情况。其次，明确调查的中心概念，确定研究范围。小赵研究的中心概念是“饮食态度”与“教养方式”。根据研究目的与假设，收集所需资料，尽可能占有相关理论和研究，参阅他人尤其是权威专家编写的问卷或量表。再次，访谈相关人员，最终构建问卷框架。最后，在建立框架基础上，进一步将大问题分解，直至提出具体的问题。

问卷的结构一般包括五个部分：第一，题目。即问卷的标题，是对问卷目的和内容最简洁的反映。第二，前言。是对问卷研究目的、意义和内容的简要说明。第三，指导语。是用来指导调查对象填写问卷的一组说明性文字，包括填写的方法、要求、时间、注意事项和例题等。大多数情况下，前言和指导语部分可糅合在一起。第四，问题及答案选项。即问卷的内容，是问卷的“正文”。第五，结束语。通常有三种表示方式：对被调查者的合作再次表示感谢，以及关于不要漏填与复核的请求；提出 1~2 个关于本次调查形式与内容感受等方面的问题，征询被调查者的建设性意见；提出本次调查研究中的一个重要问题，以开放性问题的形式放在问卷的结尾。研究者可根据问卷的需要选择是否放置结束语。

具体设计原则如下：

1. 问卷的标题

问卷的标题应简洁明了，标题中最好能呈现调查对象。有时为了减少暗示性和免除调查对象的顾虑，题目可写得笼统些，用较为中性的词语来表示。例如：将“大学生的拖延行为调查问卷”改为“大学生生活经验问卷”。小赵将问卷的标题确定为“小学生饮食与生活的调查问卷”。

2. 指导语

指导语主要向调查对象说明问卷的性质与目的，取得调查对象的信任，引发被问者回答问题的热情并消除顾虑。同时通俗简明地阐述回答的内容和具体作答方式，有时可举例说明。

一般可以用两种方法消除调查对象的顾虑：一是说明本问卷无须填写调查对象的姓名（匿名答卷），以避免调查对象顾虑自己的想法被他人看到；二是说明调查对象的回答不存在对与错，以减少被调查者对自己回答的准确性无把握或其他不必要的顾虑。

小赵的问卷指导语是这样写的：

> 亲爱的同学，您好！感谢您支持我们的调查。这是一项关于小学生饮食与生活情况的调查研究。无论您选择哪个数字，都没有对和错之分，且问卷采用匿名的方式，请不要有任何顾虑。调查结果是为改善饮食结构提供参考，您是否真实回答将会直接影响调查结果的真实性和准确性。再次感谢您的真诚协助！

3. 问题与答案

（1）问题的选择原则如下：

第一，确保问卷题项与研究目标相匹配，可问可不问的不必问。

第二，不触及社会禁忌问题或人们的生活隐私，不提被试不愿意回答的问题。

第三，对一些敏感性问题、个人不愉快的经历或可能不愿意真实回答的问题，要尽量采取容易接受和委婉的方式来问。

第四，不提诱导性问题或暗示性问题。例如："大多数家长都意识不到饮食行为蕴含对待生命的态度，你认为呢"，这个问题就是诱导性问题。

第五，问卷中问题的数目不要太多，一般应以30分钟内答完为度。

（2）问题的表达原则如下：

第一，措辞应客观严谨、准确简短。

第二，语言文字通俗易懂，不使用生涩字眼，不超出调查对象的理解能力。尤其调查对象是低年级学生时，用词要符合他们的语言习惯与理解能力，不要使用专业术语。

第三，一个问题仅代表一个单一事物，不要用两个以上的观念或事件。例如："你是否喜欢蔬菜和水果?"这样一个问题就包含"你是否喜欢蔬菜"和"你是否喜欢水果"两个观念，可根据研究目的分为两个问题呈现。

第四，不应使用可做多种解释、意义含糊的词。如："你的饮食卫生习惯好吗?"其中"好"这个词就比较含糊，可修改成："你吃饭前会洗手吗?""你饭后会主动擦拭桌面吗?"等。

第五，尽量使用肯定的叙述，避免使用双重否定的句式。如"我不会不教孩子分辨各种谷类"这样的句式阅读体验不好，且容易引发误读，应该改成"我会教孩子分辨各种谷类"这样的直接表述。

第六，不用或少用假设语句或猜测语句。

（3）问题的安排原则如下：

第一，类别顺序。一般情况下，先是调查对象的人口学基本资料，如性别、年龄、成绩等项；然后是行为事实资料，如收听广播节目、周围同学是否逃过课等项；最后是态度资料，如对老师的评价、对学业成绩的看法等。

第二，内容顺序。对于一般的问题，应按照"漏斗顺序"，即由大的、一般性的、抽象性的问题到小的、特殊性的、具体的问题排列。敏感性问题和开放性问题应放在问卷后面，先问封闭式问题再问开放式问题。

（4）答案的形式与表达原则。结构型问卷根据答案的不同形式还可划分为选择式、排列式、尺度式三种主要类型，小赵可以根据数据搜集需要灵活选择。

选择式答案。将问题的几种可能性答案统统列出，让调查对象选择一个或几个符合自己情况的答案。

例如：放学后，你会跟爸爸妈妈一起做些什么呢？（可多选）

□A. 看电视　□B. 做家务　□C. 体育运动　□D. 做作业

□E. 散步　□F. 聊天

□其他事情　请注明：________________

排列式答案。答卷者对问题的多种答案，依其喜欢、满意程度排序。

例如：请按照喜欢程度给下面五件事情排序

① 跟父母一起看电视　② 帮父母做家务　③ 和父母一起锻炼身体

④ 父母陪着做作业　⑤ 跟父母聊天

（请填代号重新排列）第一位（　）　第二位（　）

第三位（　）　第四位（　）　第五位（　）

尺度式答案。问题的答案是程度的递进或递减，可以用 1—5，或 1—7 或 1 至其他数字表示，问卷设计者将不同程度的反应标示在一个评价量尺上，让调查对象选择一个符合自己实际情况的数字。一般来说，用 3—11 之间的奇数系列表示，尺度在 7±2 之间最好。例如：

题目	完全不符合	比较不符合	不确定	比较符合	完全符合
我喜欢和父母一起做家务	1	2	3	4	5
饭后我愿意洗碗	1	2	3	4	5

在设计答案时要特别注意以下三点：

第一，备选答案要按同一类标准分类。小赵最初设计的问卷中有这样一道题：

你的午餐情况是？

A. 全部吃完　B. 会剩饭　C. 几乎不吃　D. 在家吃

E. 在学校吃

上述答案选项就不是在同一类标准下分类，前半部分是饮食量，后半部分是饮食地点，这显然是不合适的。因此小赵需要将题目调整为两道题：

你的午餐情况是？

A. 全部吃完　B. 会剩饭　C. 几乎不吃

你的午餐情况是？

A. 在家吃　B. 在学校吃

第二，备选答案之间的距离大致相等。例如：

你喜欢跟父母一起做家务吗？

A. 非常喜欢　　B. 一般　　C. 不喜欢

其中“非常喜欢”和“一般”之间的距离较大，“一般”与“不喜欢”之间的距离较小。答案应该修改成：

A. 喜欢　　B. 一般　　C. 不喜欢

或 A. 非常喜欢　　B. 较喜欢　　C. 一般　　D. 较不喜欢

E. 非常不喜欢

第三，备选答案应该穷尽，答案之间应具有排斥性。一般来说，若觉得答案还没有穷尽，但又没有想到更多的答案，就用“其他”来替代。例如：

你认为影响你饮食习惯的主要因素有？

A. 遗传　　B. 父母的习惯　　C. 老师的要求

这道题的答案选项就没有穷尽，可修改成：你认为影响你饮食习惯的主要因素有？

A. 遗传　　B. 父母的习惯

C. 老师的要求　　D. 同学或朋友的影响

E. 其他　请注明：________________

二、实验法

（一）实验法概念

实验法是指有计划地控制各种条件，引起或改变某一条件，来研究实验对象心理、行为等方面的变化。在实验法中由实验者操纵变化的变量即自变量，实验者在实验中进行测量并期望由实验操纵而发生变化的变量是因变量。小赵如果想要研究家庭教养方式对小学生饮食态度的影响，那么在这个研究中，自变量就是家庭教养方式，因变量就是小学生未来饮食态度的变化。实验法作为一种科学研究方法，不仅有助于研究者了解“是什么”的问题，还可揭示现象之间的因果关系，使人们对客观事物的认识更加深入。

（二）实验法的类型

根据实验情境的不同，实验法可分为实验室实验法和现场实验法；根据实验控制是否严密可分为真实验设计和准实验设计。教育实验大多是现场实验或准实验设计。目前，现场研究中采用最多的是准实验设计。

1. 实验室实验法

实验室实验法是在特别创设的控制场景下，引起或改变一种或几种影响参与者心理变化的条件，从而观察参与者行为变化的方法。这种方法有时需利用专门的仪器和设备才能进行。它的特点是随机取样和随机安排，保证了样本的代表性。实验结果的科学性直接取决于实验设计的好坏，尤其是额外变量（可以影响结果，但与研究无关的变量）能控制与否。实验室实验法最大的优点是能够精密地控制实验条件，研究结果容易被重复验证，缺点是实验结果难以推广到实际生活中去。

2. 现场实验法

现场实验法是在参与者日常生活和活动的自然条件下所进行的实验研究。这种研究方法很难控制自然情境中的额外变量。在教育研究中，现场实验法使用范围比较广。

3. 准实验设计

准实验设计，是相对于标准的真实验设计而言的，是指“不严格”的实验设计。其明显特征是不对被试进行随机分组，往往使用现成群体作为处理组，它们之间有较大可比性，但可能不是等组的。在教育研究中，常用的最基本、最典型的准实验设计方法主要有不相等（或非随机）实验组控制组前测后测设计、不相等（或非随机）实验组控制组前测后测时间序列设计。

小赵的这个研究如果想要采用实验法，可以把小学生分为四个小组，受表扬组（饮食表现好，都逐个给予适当的表扬）、受批评组（从不表扬，而是每次都对其饮食过程中的错误加以指责）、受忽视组（既不表扬，也不训斥，只让他们静观其他两组受表扬和受批评）以及对照组（不表扬也不批评，也不知道其他三个组是否受表扬或受批评）。最终通过每个组小学生饮食态度和水平的观察和测量，来探究表扬、批评和忽视等不同的家庭教养方式带来的影响。

任务二　定性研究方法

小钱想要用定性研究的方法了解小学生影子教育的真实情况，探寻形成当下局面的一系列原因，就需要深入被调查者的生活中进行观察，采用开放式访谈了解利益相关群体对于影子教育的真实想法。但在访谈过程中，他不知如何开始，不知怎样回应被访谈者的话，也不知采取何种观察策略。这些问题就涉及定性研究方法，尤其是访谈法和观察法的设计和实施。

一、访谈法

访谈法是研究者通过与研究对象口头交谈来搜集其心理特征和行为数据资料的一种方法，是一种直接收集数据的方法。不同于一般的交谈和日常生活中的“聊天”，访谈法具有特定的科学目的和一整套设计和实施的技巧和原则。

（一）访谈法的类型

1. 结构访谈与非结构访谈

根据访谈内容是否有事先准备好的访谈提纲，访谈可分为结构访谈和非结构访谈。结构访谈，又称标准化访谈，是指按照统一的设计要求、按照有一定结构的问卷而进行的比较正式的访谈。非结构访谈又称非标准化访谈或开放式访谈，指只按照一个粗线条式访谈提纲而进行的非正式访谈。结构访谈的优点是结果便于统计分析，易于进行对比分析，但缺乏灵活性；而非结构访谈的优点是较灵活，受访者可自由谈论自己的感受和看法。一般研究中，往往把结构访谈与非结构访谈结合起来，按照先非结构访谈再结构访谈，或者先非结构访谈再结构访谈，接着非结构访谈的顺序进行。最初小钱借助非结构访谈初步倾听了家长、教师、教育机构从业者、学生对于影子教育的体验与描述，了解了影子教育的大致面貌，之后进一步采用结构访谈深入了解他们支持、反对影子教育的深层次原因与建设性意见。

2. 直接访谈与间接访谈

根据访谈时访谈者与受访者的接触方式，可分为直接访谈与间接访谈。直接访谈又称面对面访谈，即访谈者与受访者进行面对面的交谈，优点是可收集言语信息和非言语信息，收集信息较全面，有利于判断访谈结果的真实性与可靠性。间接访谈就是访谈者通过一定的中介与受访者进行非面对面的交谈，常见的有电话访谈、网络访谈等。网络访谈是一种新兴的访谈方式，可通过微信、QQ 等社交平台进行，其优点是收集数据资料省时省力费用低，在客观条件有限或涉及某些不适宜面对面交谈的问题时可以采用这种方式。若没有特殊的原因或敏感话题，采用直接访谈的效果最佳。小钱的访谈对象是教师、学生与教育机构从业者，所以他在自己见实习与兼职期间对他们进行了直接访谈。

3. 个别访谈与集体访谈

根据受访者的人数，访谈可以分为个别访谈与集体访谈。个别访谈是由访谈者对访谈对象逐一进行单独访谈的一种调查方式。这种访谈一般要求访谈者具有一定的访谈技巧，让受访者接纳自己，尽可能打开心扉，说出可靠的信息。

集体访谈也称为团体访谈、调查会或座谈会，是由访谈者召集一些访谈对象就访谈者需了解的问题发表意见。优点是能集思广益，尽可能收集到较全面的资料；缺点是对于一些敏感性话题难以收集到真实的资料。为了使集体访谈收集信息更全面有效，应注意选择不同层次的受访者，人数不宜过多，7~8 人较为合适，研究者应创设一种自由、热烈、活泼的气氛，注意把控访谈的方向。

（二）访谈法的步骤

1. 访谈变量的界定

首先需要明确访谈研究的目的，并将其进一步具体化，详细列出研究所涉及的所有变量的类别与名称，明了需要收集哪些方面的信息。小钱想要知道影子教育究竟是什么样的，弄清“影子教育的现状与影响因素”就是要访谈和研究的目的。因此，需要在已有研究的基础上，从教师、学生、家长、教育机构等四个方面收集信息，最终了解利益群体对影子教育持有的立场与判断。

2. 访谈问题的设计

（1）访谈问题形式的设计。访谈问题的形式主要有封闭式（又称固定选择式、限定式）和开放式（又称非限定式）两种。封闭式问题要求访谈对象在事先确定的几个选择答案中选择一个自认为最合适的答案，它易于计分，客观性高。开放式问题则是访谈对象根据自己的想法，用自己的语言来做出回答，它有利于收集深层次的信息。目前的访谈研究常常是两种形式并用。“你们学校老师知道你参加补习班吗？”就是个封闭式的问题，答案是“知道”或者“不知道”。“请你谈谈参加补习班的感受好吗？”这个问题就是开放式的问题，对答案没有限制，能够获取访谈对象更多的信息。

此外，编排问题顺序也属于访谈问题形式设计的范畴。编排顺序时一般应遵守“漏斗原则”，即由一般、非限定性问题到具体、限定性问题，由较大的问题到较小的问题。

（2）访谈问题内容的设计。访谈问题内容的设计紧紧围绕调研目的展开，题目设计的方法和技巧类似问卷法的问题设计方法和技巧。问题要清楚明确，文字表述应适合受访者的文化程度和年龄特征；对不同受访者所提问题的说明与解释要规范、统一；每一具体问题只集中在一个变量或问题上；避免提引导性、奉承性问题，以及访谈对象不能回答的问题。例如：访谈中说“大部分专家都以为吸烟是有害的，你以为呢?”这就是引导性问题。小钱针对小学生、家长、教师、教育机构从业者等不同群体设计了不同的访谈提纲，针对小学生的问题可以是“你现在报了哪些补习班?”，针对家长的问题是“您给孩子报补习班的原因是什么?”“您会一直让孩子参加补习吗？理由是什么?”，针对老师的问题是“您对学生课外补习这一现象有什么看法?”，针对教育机构从业者的问题是“参加补习班的孩子表现如何?”，等等。

3. 试谈与访谈程序的修订

在实际调查之前可以先做一个小型的试谈，试谈对象尽可能与以后的正式访谈对象是同一类人。通过试谈可检验访谈设计的合理性和可行性，如提问顺序是否合适，表述和措辞等是否符合受访者的年龄特征和知识水平、理解能力等，从而为正式访谈程序的修订提供依据。

（三）访谈法的实施与技巧

1. 访谈前准备工作

俗话讲：不打无准备之仗。在正式访谈之前，应充分熟悉访谈内容，准备好访谈所需要的相关材料，尽可能了解受访者，与受访者协商适宜的访谈时间与地点等。

2. 接近访谈对象

是否善于接近受访者并与之建立融洽的关系决定了访谈能否顺利进行。首先，应该给受访者留下良好的第一印象，衣着应干净整洁，称呼要恰如其分，自我介绍要简洁明了，语气要和善亲切。其次，重视正式访谈前的预热谈话。在正式访谈之前，要有与受访者建立融洽关系的过程，取得受访者的信任。可从访谈对象感兴趣的话题，或其值得赞扬的、需要关切的方面入手，如“现在的孩子是很难养育呀”“好漂亮的一双眼睛”“你也喜欢绘画……”等。

3. 提问技巧

在整个谈话和提问的过程中，研究者应注意控制话题，始终围绕中心内容，同时也要结合实际情况灵活调整访谈提纲中问题的顺序。与受访者交谈时应注意保持交流，认真倾听，不时给予鼓励，但一定要避免引导受访者提出观点。若受访者所谈离题万里或喋喋不休，应抓住其停顿的间歇迅速介入。首先肯定受访者热心的回答，然后坚决地转向："你说的这些很有意思，可是由于时间的关系，我还要问你另外一个问题，不知道行不行?”而对于那些不善言辞或回答不具体的受访对象，则需要耐心地通过有技巧的追问得到更多信息。

4. 追问技巧

若想得到更多有深度的材料，往往需要追问。根据目的的不同，追问可划分为以下几种类型：① 详尽式追问。当受访者说得太笼统、太简单，或者不甚明了，就需要进行详尽式追问，如“能再具体谈谈吗?”“请举个例子说明好吗?”② 比较性追问。如受访者谈到自己同座很优秀，自己压力很大时，可以进一步询问“你认为你同座在哪些方面比自己优秀”。③ 原因追问。如“你当时为什么对父母的处理不满?”④ 正面鼓励追问。当受访者回答不明确时，将其所说事情重复说一遍，引导对方陈述具体细节；或将受访者所述内容用一两句话概括出来，帮助对方理清思路，鼓励对方继续深谈。

5. 访谈记录

访谈记录一般包括纸笔记录和用录音笔记录两种方式。若用录音笔记录时，需要受访者签署同意知情书。记录工作中应注意以下事项：第一，围绕访谈内容进行原始记录，不需要总结和详记；第二，言语信息和非言语信息均要记录；第三，记录的同时不能影响与受访者的交谈；第四，访谈结束后应尽快整理。

6. 访谈结束与再次访谈

应严格控制访谈时间，根据访谈现场状况或受访者的情绪状况灵活把握访谈结束时间。访谈结束时应对对方的合作和帮助表示感谢。若需要，应为后续的访谈做好铺垫或安排。

二、观察法

观察法也是一种常用的质性研究方法。巴甫洛夫在《给青年的一封信》

中说道："观察、观察，再观察。"是指研究者通过感觉器官（有时需要一定的仪器设备），有目的、有计划地观察事物或对象的心理和行为表现，并由此分析事物或对象心理和行为特征及规律的一种方法。小钱在访谈的同时，希望结合观察法了解小学生参与影子教育的真实状态。但是观察法不是毫无目的、随意地观察，而是有一定的研究目的和事先有所准备的研究方法，在观察前需要进行严格的设计。

（一）观察法的特点与类型

1. 观察法的特点

观察法的特点如下：第一，观察是一种有目的、有意识地搜集资料的活动；第二，观察的对象是当前正在发生的事实现象，具有直接性，但不能保证观察到预定的内容；第三，观察是在一定的教育学、心理学或社会学等理论的指导下进行的，对结果的解释也是以有关理论为前提的；第四，观察总是借助于一定的观察工具，包括人的感官和仪器、设备；第五，因在自然情境中观察，往往难以探讨变量间的因果关系。

2. 观察法的类型

（1）根据观察者是否直接参与，可分为参与观察和非参与观察。

参与观察是观察者参与到被观察的实际环境之中，通过与被观察者的共同活动，从内部进行观察，故又称局内观察。参与观察适合研究那些通过问卷法、访谈法等其他方法难以奏效的主题，如一些特殊群体的活动方式、行为规律以及群体之间的互动模式等。通过参与观察可较深入地获得比较真实的信息，但也容易受到观察者自身知识经验、价值观等的影响。可主观选择相关观察内容，但对研究者观察能力要求高，需要观察者具有丰富的知识经验、隐蔽而有效的观察记录技能和很强的应变能力。

非参与观察是观察者不参与被观察者的群体，不参与他们的任何活动，完全以局外人或旁观者的身份进行观察，故又称局外观察。这种观察方式往往利用科学工具如声像设备等进行观测和观察。非参与观察可避免参与观察中的偏差，获得较真实信息，但是获取信息不够深入。

（2）根据是否有确定的目的，可以分为结构式观察和非结构式观察。

结构式观察是指观察者事先设计好观察的内容和项目，制定出相关的观察表，并在实际观察中严格按照其做观察记录。这种观察方法适用于欲研究的行为已被确认，并且已清楚地知道需要获得何种信息资料的情况（如行为的时间、频率和类型）。根据结构式观察能观察到某些在自然环境中不易或不可能观察到的现象，获取的信息资料有利于统计分析，但是比较费时。

非结构式观察是指观察者只有一个总的观察目的和要求，或一个大致的观察内容和范围，没有详细的观察纲目，也没有具体的观察表。观察者试图尽可能多地记录有关被观察者行为的内容，包括活动、谈话和对体态的描述及其他重要特征。观察结果可用于问卷的设计和资料收集方法的设计，以帮助研究者将注意力集中于与研究问题有最大联系的事件上。非结构式观察灵活、简便，但获得的资料较零散，通常只能做定性分析。它适宜用在研究的早期阶段，在此基础上再采用结构式观察。

（二）观察法的设计

1. 观察策略的选择

根据观察记录方式的不同，观察策略主要分为三类。

（1）描述性观察。描述性观察是指详细观察和记录被观察对象连续、完整的心理活动和行为表现，是一种非结构式观察，包括日记描述法、轶事记录法和连续记录法。这三种观察策略都强调对事件和行为进行详细的观察和记录，描述详尽具体，且观察获得的信息主要采用定性方法分析。三种研究策略强调的重点不同：日记描述法强调在较长的时间内对行为和事件作纵向的详细记录，如达尔文根据对自己孩子心理发展的长期观察，写成了著作《一个婴儿的传略》；轶事记录法是专门对有价值、感兴趣的某一事件或某一片段进行记录，不强调连续性；连续记录法是在一定的时间段对某一事件或行为进行连续的、完整的记录，强调某事件或行为发生的前因后果。

（2）取样观察法。取样观察是指依据一定的标准，选取观察对象的某些心理、行为表现进行观察，或选择在特定的时间内进行观察并收集数据的方法。取样观察又分为时间取样、事件取样和个人取样，三种取样观察法的比较见表 5-1。

表 5-1　三种取样观察法的比较

方法	定义	举例	适用范围
时间取样	以时间取样行为，即在规定的一定时间段中进行观察，对这段时间内发生的各种行为表现做较全面的记录	观察 40 分钟课堂里小学生违纪行为的人数与种类	1. 经常发生或出现的行为； 2. 易被观察到的一些外显行为
事件取样	以事件为单位进行观察，是研究特定类别的完整行为事件，它的测量单位是行为本身而不是人为的时间间隔	观察幼儿在自由游戏阶段所发生争执行为的原因和过程	1. 已明确特定事件或行为，并尽量熟悉，以便记录； 2. 确定的时间、地点应具有代表性
个人取样	是对单个被试连续取样，以个人为单位。在观察中，观察者选择一个被试，在规定时间内根据记录表单记录这个被试的全部中心行为和事件；然后又观察另一个被试。如此反复进行，取得多个个体组成的样本	连续随机抽取某校 20 位教师，对他们的课堂教学进行现场观察，以了解该校教师教学情况	了解观察对象完整的行为、情绪、态度及事件的整个过程

时间取样观察和事件取样观察的不同在于，时间取样观察既可以选择固定的事件，也可以不选择固定的事件。在选择了固定的事件时，时间取样观察与事件取样观察存在着交叉之处。事件取样观察涉及时间，但这种时间在一次观察中是不受什么限制的，一般以事件的过程长短为标准，事先也无法控制。而时间取样观察中的时间是事先安排好的，不能随便变更。

（3）评价观察法。评价观察法也称为等级量表法，是指按照事先制定好的评价量表对被观察对象的心理和行为进行观察并做出评价，以搜集研究资料的方法。

① 数字等级法：某一个数字代表某一种行为的程度，观察者给被评价的行为选定最适合的数字。例如，小钱观察小学生参加课外补习时同伴之间发生的攻击性行为，可用“1”表示“无攻击行为”，用“2”表示“有轻微攻击性行为”，用“3”表示“攻击行为一般”，用“4”表示“攻击性行为较重”，用“5”表示“攻击性行为严重”，分成五个等级。

② 图表评价法：图表评价法不是用数字代表某种行为，而是让观察者沿着一条看得见的量表（横轴或竖轴）从高到低迅速地做出评价记录。

③ 语义类别法：语义类别法为奥斯古德（C，Osgocl）所创，两头是相反性质的词，两词之间分为若干等级，一般是 7 个等级（见表 5-2）。研究者通过观察选择一个最符合观察对象特点的等级。

表 5-2　语义类别等级表①

	（1）	（2）	（3）	（4）	（5）	（6）	（7）	
A 合作								不合作
B 积极主动								被动
C 热情								冷淡
D 清洁								不清洁
E 分享								自私
F 友谊								敌视

也可将上表设计如下，见图 5-2。

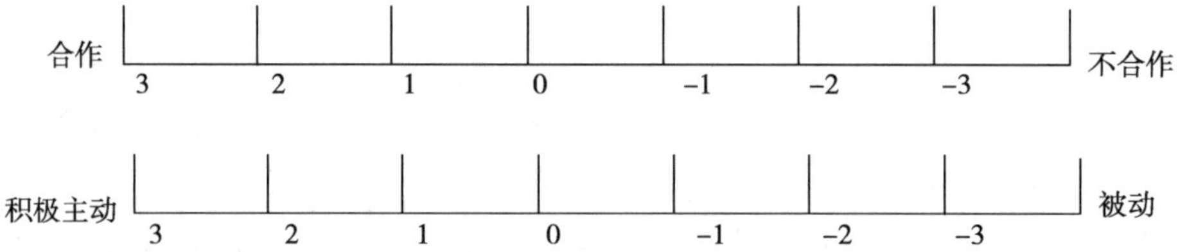

图 5-2　语义类别运用图

④ 强迫选择法：这种方法是给评价者一组描述的短语，强迫评价者选择其中最适合的短语。如小学生遵守课堂纪律行为表现如下：

A. 捣乱、破坏纪律，影响他人；

B. 自己不守纪律，但对他人影响不大；

C. 有时守纪律，有时不守纪律（有小动作）；

D. 基本遵守纪律，偶尔分心，经提醒能改正；

E. 自觉遵守纪律。

---

① 刘电芝．教育与心理研究方法［M］．修订版．合肥：安徽教育出版社，2011．原为“语义类别运用图”。

2. 观察表格的设计

观察表格设计的质量直接影响观察的效果，设计观察表格主要步骤如下：

（1）对观察内容进行分类。对观察内容进行详细、明确、具体的分类，各类别应包罗无遗、互相排斥。小钱对小学生参与课外补习时的状态进行观察，针对“课堂状态”这一内容设计了一张观察表。见表 5-3。

表 5-3　小学生补习课堂参与状态的类别

种类	行为及编码
参与状态	1. 认真听讲
	2. 主动回答问题
	3. 同伴讨论
	4. 记录
	……
非参与状态	1. 游离
	2. 无回应
	3. 旁观
	4. 注意力不集中
	5. 扰乱课堂
	……

（2）给每种类别下操作定义。操作定义就是用具体的、可感知或可度量的事物、事件、现象对类别做的界定。也就是说，将抽象的事物变得具体化、可量化。下操作性定义的目的是使不同观察者的记录趋于一致。小钱针对小学生补习课堂参与状态设计的观察表中的行为类型，就需要进行操作性定义。见表 5-4。

表 5-4　小学生补习课堂参与状态（部分）

行为类型	操作定义
游离	学生不听课。如，发呆、睡觉，与教师无目光接触，始终低着头等
无回应	教师提问后不会主动举手回答问题
旁观	同伴讨论时，持旁观态度，不说话不发表意见

续表

行为类型	操作定义
注意力不集中	一边听课一边做其他小动作，如转笔、戳橡皮等
扰乱课堂	学生行为扰乱课堂秩序，如传纸条、偷偷聊天等

（3）设计记录表单。为方便记录，保证记录的速度，应先设计好简便易行的记录表单。观察者观察到相应行为就在相应栏目中打钩或画符号。时间取样记录表格和事件取样记录表格设计有所不同，小钱如果运用时间取样法设计观察表格，可采用表 5-5 的形式。

表 5-5　小学生补习课堂参与状态观察表

观察地点：　　　　观察者：　　　　观察时间：

观察时间（分钟）	参与状态									
	认真听讲	主动回答	同伴讨论	记录	游离	无回应	旁观	不集中	扰乱课堂	其他
0～5										
6～10										
……										
31～40										

小钱如果运用事件取样法设计观察表格，可采用表 5-6 的形式。

表 5-6　小学生扰乱课堂行为观察表

观察地点：　　　　观察者：　　　　观察时间：

学生	年龄	性别	行为持续时间	发生背景	行为性质	做什么说什么	结果	影响

（三）观察法的实施步骤

经过前期的准备，选择观察策略、设计观察表格之后，小钱就进入观察和整理材料环节。

1. 进行预观察

预观察是保证正式观察质量的重要环节，也是不可缺少的环节，目的主要是熟悉情况和发现问题。预观察要着重考虑以下几方面：第一，熟悉观察对象、明确观察重点；第二，检验观察表格设计是否合理，项目指标是否有遗漏或多余；第三，熟悉实际观察场景中的观察要求和程序。通过预观察，尽可能发现观察中可能出现的问题，为正式观察顺利开展打下基础。

2. 进入正式观察

对于正式观察，应该注意以下事项：

第一，明确观察目的及任务。若观察者不清楚观察目的、不熟悉观察任务，可能获取更多的无用资料。

第二，选择有利的观察位置。要依据观察任务，选择有利的观察位置，尤其要尽可能离观察对象近一些，以确保收集到真实的信息。

第三，如实记录观察信息。在进行连续观察时，一般情况下，不应在现场进行资料分析或做出判断，以免影响记录进程，遗漏一些重要信息。在环境和被观察者允许的情况下，可借助设备（如录像机）观察。

第四，注意穿着及行为。观察者不应着奇装异服，表情不能太丰富，在观察地点最好不要随意走动，以免影响被观察者的自然表现。

3. 整理观察材料

观察法收集的材料比较庞杂，因此常常需要采取分类索引的办法查阅。可采用事件、人物或行为指标对材料分类，也可以采用质性分析软件（如NVivo）进行处理。

小钱学习完了访谈法和观察法，明白了事先科学设计访谈提纲、观察表的重要性，他按照规范的访谈、观察步骤获得了有价值的信息。

任务三 混合研究方法

由于定量研究和定性研究各有优势和劣势，越来越多的研究者开始在同一研究中混合使用多种研究方法，这种整合式的研究就是混合研究。混合研究（mixed methods research）是指同时使用定量和定性研究方法、手段或概念进行数据搜集或分析的一类研究。混合研究者使用的多样视角、理论和研究方法被视为教育研究中的一个优势。

小钱和小赵觉得自己是初涉研究者，还不适合采用混合研究方法。实际上，如果混合研究方法更能接近真实结果、解决理论或实际问题，初涉研究者也可以练习使用这种研究方法。

一、混合研究方法概述

（一）混合研究的选用原则

是否选用混合研究，需要考虑以下三方面问题：

1. 是否与研究问题匹配

要采用混合研究，首先要考虑研究方法与研究问题是否匹配。不同的研究问题适用的研究方法不同，如想要了解小学生补习课堂中师生互动现状，采用定性研究中的观察法较为合适。若研究者既想概括出有关总体的结果，又想充实个体对某一现象的认识，就可以采用混合研究。先采用问卷法了解总体情况，然后再通过访谈法深入了解个体对某一现象的认识。小钱的研究就可以先采用问卷法了解小学生参与影子教育的强度、种类等基本信息，然后采用访谈法深入他们之中了解他们对影子教育的真实想法。

2. 是否具有专业能力特长

是否选用混合研究，还取决于研究者个人及团队成员的受教育程度和经历。若研究者个人或团队成员既擅长问卷编制、实验设计、数据统计等，又在文本分析、访谈设计与编码、观察策略等方面积累了大量经验，那就可以采用混合研究。

3. 是否拥有可用资源

是否选用混合研究，还需要考虑是否具备相关量化、质性数据获取途径。例如：是否能够获得问卷调查需要的相当数量的样本，以便数据统计；是否能够找到愿意接受访谈的人员；是否有观察现场用的设备等。

（二）混合研究方法的优势与劣势

1. 混合研究方法的优势

（1）将定量研究和定性研究优势互补。在一个单一的研究中将定量研究与定性研究的优势结合起来，以更好地实现研究中的单个目的或多重目的。

（2）使研究结论更有说服力。混合研究能够通过汇集和验证研究结果的方式为研究结论提供更有力的证据，为单一的研究问题提供更完整、更深刻、更有意义的答案。

2. 混合研究方法的劣势

（1）对研究者的专业素养提出了更高的要求。混合研究者需要定性和定量研究两方面的素养，既熟悉定量研究的结构化、系统化，又了解定性研究的灵活性、创造性。

（2）需要耗费大量的时间、精力和成本。由于混合研究需要收集和分析定量、定性数据，因此会比单一的定量研究或定性研究耗费更多的时间、精力和成本。

（3）理论基础还比较薄弱，细节问题还有待进一步解决。作为一种新的研究取向，混合研究的一些细节问题仍需待研究方法专家解决。例如，范式混合的问题、定性分析定量数据的技术问题。如何整合数据和推论，以及如何解释定性和定量研究得出的结论可能产生矛盾等。

二、混合研究设计类型

混合研究设计可根据自己的研究，采用灵活的混搭方式。常用的混合研究设计类型主要有下列几种。

（一）三角校正设计

三角校正设计（triangulation）是将定量统计结果与定性资料分析结果直接对照比较，或者使用两种不同的方式对研究结果进行证实或相互确证。

研究者在同一研究时间内，采用相等比重的定量与定性方法，分别收集、分析定量与定性资料，以便能更加了解研究问题。最后，整合两种研究资料共同解释结果。设计模式如图 5-3。

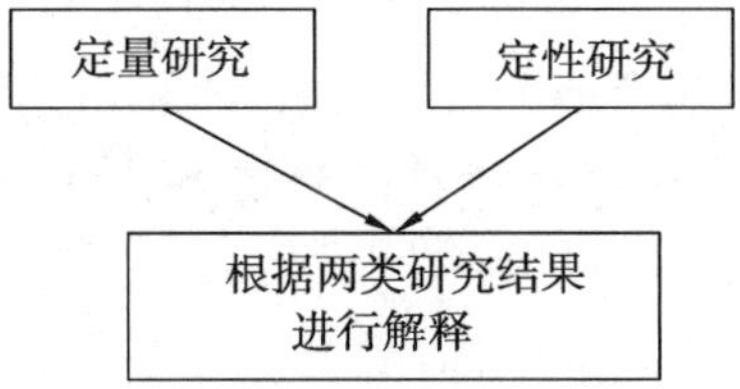

图 5-3　三角校正设计模式

（二）嵌入式设计

嵌入式（intervening）设计是以一种资料为主要角色，而另一类资料则为支撑型、次要的角色。如将质性资料嵌入到一个量化方法的研究设计中，或将量化资料嵌入到一个质性方法的研究设计中。设计模式如图 5-4。

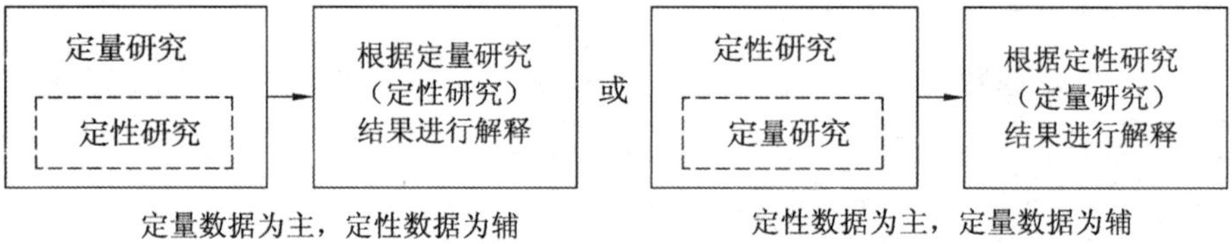

图 5-4　嵌入式设计模式

（三）解释型设计

解释型（explanatory）设计是一种两阶段的混合研究设计，主要通过质性资料解释或扩展最初的定量结果。一般来说，这种设计经常使用在用质性资料解释显著（或不显著）的结果、极端的结果，或出人意料的结果时。另外就是利用定量研究被试的特征，指导后续质性阶段取样。

解释型设计程序首先是收集并分析定量资料，接着收集并分析定性资料；第二阶段质性研究的设计依据或连接第一阶段的定量研究结果。设计模式如图 5-5。

图 5-5　解释型设计模式

例如，“基于多元方法的台湾与澳洲教室环境的研究”① 想要探究中国台湾地区教室环境和澳洲教室环境的差异，并探索和解释这些差异的社会文化因素，研究者采用了解释型混合研究设计。在该研究中，首先进行定量研究。在台湾地区和澳洲各选择 25 个学校进行问卷调查，并对调查结果进行分析，得

① Jill M. Aldridge, Barry J. Fraser & Tai-Chu Iris Huang. *Investigating classroom environments in Taiwan and Australia with multiple research methods* [J]. The Journal of Educational Research, 1999, 93 (1): 48-62.

出结论，对异常结果进行讨论并提出新问题。接着，进行定性研究，选择 4 个教室进行田野观察，访谈 24 名学生和 8 名教师，依据质性分析结果形成故事线，对主题进行分析，最终用质性发现解释量化差异。

（四）探索式设计

当缺乏研究工具、变量难以确认，或者缺乏研究框架或理论时，可以采用这种研究方式，先从定性研究开始。这种研究设计，特别适合研究者需要开发或验证一个研究中要用到的测量工具，或确认重要的变量，以便后续定量分析。设计模式如图 5-6。

图 5-6 探索式设计模式

例如，在教师胜任力模型与测评研究中，首先需要采用访谈法构建与验证教师胜任力模型；接着在此基础上，通过定量研究编制教师胜任力测评工具，然后采用测验法评估教师胜任力发展状况。

定量研究、定性研究和混合研究的特点见表 5-7。

表 5-7 定量研究、定性研究和混合研究①

类型	定量研究	定性研究	混合研究
研究问题	预设问题	呈现方法	既有预设法又有呈现法
调查形式	基于问题的工具	开放性问题	既有开放性问题又有封闭性问题
数据形式	行为数据、态度数据、观察数据、普查数据	访谈资料、观察资料、文献资料、视听资料	多重数据形式
收集资料具体方法	问卷法、实验法、测量法	访谈法、观察法、文献法、文本分析法	定量和定性的研究方法
数据整理方法	统计分析	文本和图像分析	统计和文本分析

① 改编资料来源：约翰·W. 克雷斯威尔. 研究设计与写作指导：定性、定量与混合研究的路径［M］. 崔延强主译，重庆：重庆大学出版社，2007.

项目六　如何分析、呈现与讨论研究结果

任务引入

小赵、小钱和小孙看着收集来的数据，兴奋不已。但是他们应该怎么处理这些数据呢？他们究竟分析什么、怎样分析、报告什么结果、如何报告及怎样对结果进行讨论呢？

学习目标

1. 掌握数据资料的分析方法
2. 学会呈现研究结果
3. 研究结果的分析与解释

具体内容见图 6-1。

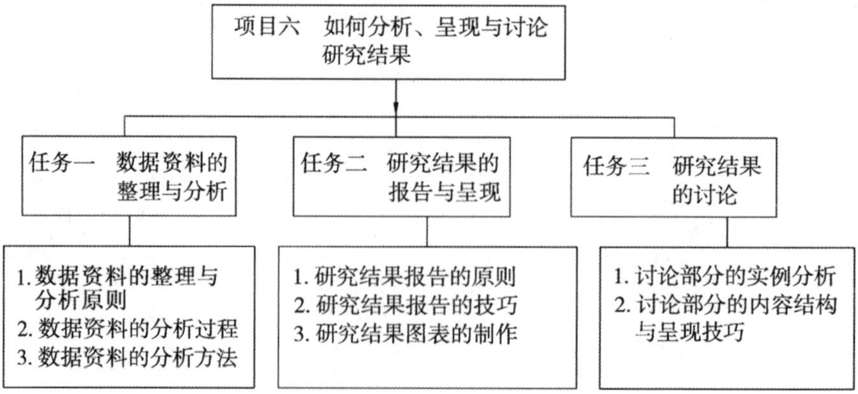

图 6-1　项目六内容结构图

任务一 数据资料的整理与分析

不论是定性研究、定量研究还是混合研究，收集完数据以后，接下来要做的就是整理数据并得出研究结果。

一、数据资料的整理与分析原则

数据资料整理就是根据研究目的和基本设计，对所搜集到的数据资料进行科学加工，使之系统化、条理化。① 通过将获取的杂乱无序的原始数据整理成系统化、条理化资料，以便后续的统计分析。

（一）定性数据的整理与分析原则

1. 收集数据与分析数据的同步性和及时性

对于质性资料数据来说，越早整理分析数据越好。这样做可以帮助研究者在整理资料的基础上了解自己还需要哪方面的信息，以便下一次有计划地收集数据，也使研究能够从原始资料过渡到理论建构。小钱采用了访谈法、观察法研究小学生影子教育的现状以及各方利益群体的立场，首先访谈了 6 位小学生以及他们的家长，随后及时整理了数据，结合相关的理论和实践经验，在整理资料的基础上完善访谈提纲，进一步深入访谈。

2. 整理与分析数据的完整性

在整理数据时，若是录音材料，应将录音记录逐字逐句整理出来，受访者持续较久的停顿、声音表达也是值得整理的，这些是反映受访者心理活动的重要信息。小钱在整理材料时完整记录了关键信息。

我："如果上课你没有在老师规定的时间内完成课堂训练题，老师讲解完之后你有答案了你还会自己再重新做一遍么?"

她："（犹豫了好一会儿）知道答案之后会先写上去，过几天再想想这个答案从何而来。"

我："那也就是说你一定会翻的。"

她："（比较轻）嗯。"

---

① 王铁楠. 心理学研究方法：从选题到论文发表［M］. 北京：中国人民大学出版社，2020.

（二）定量数据的整理与分析原则

1. 准确性原则

在整理数据的过程中，应准确、严谨地让原始数据更加条理化、系统化。若出现数据输入有误、行列粘贴错误等问题，就失去了收集原始数据的意义，数据会变得不可信，从而得不出正确的结论。

2. 可用性原则

数据的形式要满足后期统计方法的要求，如方差分析需要数据正态分布、方差齐性等要求并赋予数据正确的含义。根据数据的形式采用合适的统计方法，也是科学性的体现。

二、数据资料的分析过程

（一）定性资料的分析过程

质性材料分析的基本过程就是从原始资料中发现号码与主题、寻找意义。基本过程包括阅读原始资料、编码登录、寻找本土概念、建立编码与归档系统、资料的归类与深入分析等。

1. 阅读原始资料

分析资料的第一步就是反复认真阅读原始资料，熟悉原始资料，从中琢磨出意义和相关关系。在阅读资料时，尽量放空头脑，抛开以往的前设和价值判断，让资料自身“说话”。

2. 编码登录

编码登录就是将资料缩减，对资料进行分类处理。其中，编码是资料分析中的关键环节，码号是资料分析中的最基本意义单位。寻找码号的一个标准是词语或内容出现的频率，若某些词语或内容出现的频率比较高，就是被研究者关注的焦点，需要重点编码，并建立码号与码号之间的关系。在小钱的访谈中，受访者一直提到“竞争压力大”“大家都在学”“老师教得快”等词语，这些可作为“码号”，并将这些码号归类到“学业焦虑”码号下。

在编码时，寻找被研究者经常使用的、用来表达他们自己看世界方式的“本土概念”作为登录的码号更有意义和价值。在小钱的访谈中，家长经常提到的一个词就是“被牵着走”，用来表达自己面对学校之外的补习任务时的无奈与无助，这就是一个“本土概念”。

3. 建立编码与归档系统

第一轮编码登录之后，将所有的码号按照一定的分类标准汇集起来，组成一个编码本。这是一个将所有的码号组合起来的系统。接着，进一步进行归类和深入分析。结合研究的目的和资料本身的特点，选择合适的归类方式。归类方式主要有类属型和情境型，类属型是将资料按照意义主题分成类别，情境型是将资料按照一定的时间序列进行整列。小钱在整理学生家长的访谈资料时，对家长的动机进行了归类。见表 6-1。

表 6-1　小学生家长参与影子教育的动机编码表

家长参与影子教育的外部动机	G42 同事的孩子都在补习；G148 学校老师教得太快；G96 教育机构说得很吓人；G97 有老师推荐我们上补习班。
家长参与影子教育的内部动机	G11 想让孩子的思路更开阔；G81 家里有人做这行，就学着玩儿；G111 我认可补习班的理念。

（二）定量资料的统计分析过程

小赵研究家庭教养方式对农村小学生饮食态度的影响，采用了问卷法，和小钱的分析过程很不一样。在对资料进行统计与分析时主要经过以下步骤。

1. 数据的录入

数据录入的方式往往会受到研究设计、数据类型等的影响。一般来说，每行数据代表每个被试在所有变量上的分数，每列数据记录了每个变量上所有变量的分数。按照编码方式记录原始数据时，编码过的数据标签要明了，以便直观了解其编码的含义，也可以将题项编号作为数据标签。小赵对小学生饮食知识进行考察，将问卷结果输入 SPSS 软件中用以分析。见图 6-2。

	是否废卷	学校类型	问卷编号	N101	N102	N103	N104	N105	N106	N107	N108
1	2.00	民办	0001	5	5	5	5	5	5	5	5
2	1.00	公办	0002	1	5	5	3	3	3	3	3
3	2.00	公办	0003	3	3	3	3	3	3	3	3
4	1.00	民办	0004	5	5	5	5	5	5	5	5
5	2.00	公办	0005	4	5	3	4	3	3	4	4

图 6-2　小学生饮食知识数据表

2. 原始数据的审核

数据库建立后，需要对数据进行检查并对异常数据进行清理。检验数据是否有异常值（高于样本平均数 2 或 3 个标准差）并在分析后决定是否删除；是否对原始分数进行了正确处理（如问卷法中的反向计分题需要反向计分）；报告缺失数据是怎样处理的；若数据非正态、非线性，根据统计需要，是否对数据做某些数学转换（如对数转换）。

需要注意的是，在原始数据审核前，需要保存原始数据，以备后期统计出现问题时可随时调取。

3. 统计和解释结果

根据研究目的和数据类型，选择合适的统计方法，并正确解释统计结果。详细讲解可见相关统计学教材。

三、数据资料的分析方法

（一）数据类型

数据类型可分为定类数据、定序数据、定距数据和定比数据，定距数据和定比数据又统称为测量数据。

定类数据（nominal），又称分类数据，表示个体在属性上的特征或类别上的不同变量，仅仅是一种标志，没有次序关系。例如，“性别”，“男”编码为“1”，“女”编码为“2”。

定序数据（ordinal），又称顺序数据，用数字表示个体在某个有序状态中所处的位置，不能做四则运算。例如，“成绩等级”，优秀 = 1，良好 = 2，中等 = 3，及格 = 4，不及格 = 5。

定距数据（interval），又称等距数据，具有间距特征的变量，有单位，没有绝对零点，可以做加减运算，不能做乘除运算。例如，温度。

定比数据（ratio），又称比率数据，既有测量单位，也有绝对零点。例如，成绩（百分制）、身高等。

在做描述性统计时，定类数据和定序数据可求出每组的频数（n）和百分数（%）；而定距数据和定比数据可求出集中和离散趋势的信息，如平均数（M）、中位数（MED）等集中量数，以及方差（Var）、标准差（SD）、全局等离散量数。

按照数据是否可以连续取值，将其类型分为离散数据和连续数据。离散数据表现为互不相容的类别或属性，比如性别（男、女）、年级（A、B、C、D）；连续数据的特点是对象可测量的连续取值，比如身高、体重。一般来说，定类数据和定序数据是离散数据。

（二）数据统计方法

数据统计分析方法主要包括：描述性统计（频数分布分析、描述性分析、探索性分析）和推断性统计（t 检验、F 检验、卡方检验、回归分析、相关分析、路径分析等）。

1. 描述性统计

描述性统计主要是关于数据集中和离散趋势的信息。一般来说，在文章研究结果部分，首先呈现出描述性分析结果，让读者对整个研究的数据有一个整体的认识。文章中既可以用语言来表述平均数和标准差（M 和 SD）或（$\bar{x}$ 和 s），也可以使用表格的形式直观地报告（见表 6-2）。小赵对小学生饮食认知的基本状况进行了描述性统计。见表 6-2。

表 6-2　小学生饮食认知的描述性统计

	低年级		高年级	
	均值	标准差	均值	标准差
饮食知识认知	3. 68	0. 53	3. 69	0. 52
饮食安全认知	3. 78	0. 56	3. 78	0. 55
饮食意义认知	3. 41	0. 69	3. 79	0. 66
生命伦理认知	3. 65	0. 58	3. 66	0. 58

2. 推断性统计

推断统计就是用概率数字来决定某两组（或若干组）数字之间存在某种关系的可能性，并由样本特征来推断总体特征的统计方法。根据数据类型，采用不同的统计方法。若小赵想要了解不同性别、不同学业成绩的小学生在饮食行为上的差异，就会用到推断性统计。

（三）统计分析工具推荐

1. SPSS 统计软件

目前有关数据统计的最主要软件有三种：SPSS、SAS 和 Stata，其中 SPSS 使用得比较广泛。SPSS 是软件英文名称的首字母缩写，全称为 Statistical Package for the Social Sciences，即“社会科学统计软件包”。但是随着 SPSS 产品服务领域的扩大和服务深度的增加，SPSS 公司已于 2000 年正式将英文全称更改为 Statistical Product and Service Solutions，意为“统计产品与服务解决方案”。截至目前，SPSS 软件已经更新到 26.0 版本。有关 SPSS 统计分析的书很多，若想深入学习，可参阅相关书籍。例如：张文彤编著的《SPSS 统计分析基础教程》（第三版）、邓铸和朱晓红编著的《心理统计学与 SPSS 应用》、吴明隆编著的《问卷统计分析实务——SPSS 操作与应用》、简小珠和戴步云主编的《SPSS 23.0 统计分析：在心理学与教育学中的应用》等。

2. EXCEL 表格

EXCEL 也有作图和统计功能，不过只能进行一些简单的统计，例如描述性统计。若调研数据并不需要做高深的统计，用 EXCEL 也可以解决问题。

3. NVivo 软件

小钱采用定性研究方法，NVivo 是一款支持定性研究方法和混合研究方法的软件。NVivo 作为一种重要的质性研究分析软件，适用于团体讨论、访谈、调查、录像、音频、社交媒体等非数量信息的处理。通过节点和编码，完成不同格式文件资料的提炼和萃取。若想初步学习，可参阅相关书籍。例如：冯狄著的《质性研究数据分析工具 NVivo12 实用教程》就是其中的一本。

任务二　研究结果的报告与呈现

任务一讲述的数据资料统计分析仅仅是数据处理的第一步，对分析出来的数据结果进一步系统地整理和阐述就是研究结果的报告与呈现环节。

一、研究结果报告的原则

1. 据实报告研究结果，不加评论

在研究结果部分，原则是让读者了解研究者的发现，即研究结果或数据是否支持研究的假设。在这一部分，需要用词准确、专业，表达清晰明了，如实报告研究的结果（包括支持研究假设的结论，也包括不支持研究假设的结论），但不需要对研究结果做出过多的推论和解释。

2. 紧密结合研究目的及假设，不面面俱到

呈现的研究结果需紧密结合研究目的及研究假设，做到重点突出。原则上，与研究目的及研究假设无关的分析结果无须呈现。当然，若确实有意想不到的有价值、有意义的发现，也可呈现出来，作为后续研究的基础。但要注意讲述的幅度和程度不要超过主要呈现的结果，以免喧宾夺主，影响文章主题的表述。

二、研究结果报告的技巧

（一）研究结果报告的顺序

研究结果报告时，并不是所有的研究结论都报告出来，而是根据研究目的，按照顺序呈现主要的研究成果。

1. 根据结果的重要性来报告

一般来说，先报告与研究目的高度相关、需要详细说明的结果；接着，报告那些不重要的但有必要向读者说明的结果；最后报告那些与研究目的关系不大但比较有意义结果，以备为自己或同领域的研究者后续研究提供可能的参考。

2. 根据结果的逻辑顺序来报告

研究结果报告一般有一定的逻辑顺序。先是基本的描述性统计结果（多是平均数和标准差），让读者对整个研究数据有一个整体的认识；若有必要，再给出推断性分析结果。例如，采用 t 检验、F 检验等统计方法推断不同群体之间的差异。

（二）正确使用图表

结果的呈现最好使用图表的形式。图表对信息的呈现直观、易读、易懂，再辅以简单的文字说明就更清楚了，这样做能够增加论文的可读性和生动性。当然，如果研究本身很简单，能很容易用文字说明，就无须使用图表了。使用图表要注意以下原则。

1. 经济原则

在使用图表之前，要仔细考虑使用的必要性，确认图表的使用能达到文字叙述达不到的效果才着手制作图表。能使用文字表述的，就不使用图表。必要时也可以将图表和文字表述有机结合起来使用。

2. 规范原则

注意正文内容叙述与图表内容相关并互补，在呈现图表之前，一般先用文字简短介绍一下这部分的主要内容，然后用图表呈现。具体如表 6-3 所示。

表 6-3　图表的报告原则自检表

条目	预期结果	自检结果
图表是否有标题（表格的标题放在上面，图的标题是否在下方）?	是	
是否在图表之前进行了介绍?	是	
是否与正文内容相互补充?	是	
题目和图表是否分开在两页呈现?	否	
图上或表内汉字或字母是否比正文小半号?	是	

3. 美观原则

图表的设计方面，基本要求就是整洁美观。尽量精简表格中的内容，删除图中不必要的颜色或装饰，且不因外观的问题影响读者的阅读。

三、研究结果图表的制作

（一）统计表

不同期刊对于表格规范要求不同，但也有统一的最基本的格式（见表 6-4）。一般来说，科技论文采用三线表，就是没有竖线的表格。

表 6-4　表格的核查清单

条目	预期结果	自检结果
论文中所有的表格都是必要的吗?	是	
所有的表格都有表题吗? 表题的表述简明扼要吗?	是	
所有性质相同的表格在形式上是否一致?	是	

续表

条目	预期结果	自检结果
小数点前的 0 是否被省略？	否	
所有缩写、特殊符号都在表注中说明了吗？	是	
所有水平的 p 值都正确标注了吗？星号是否在相对应的数据上标明？	是	
各个表格中具有相同数目星号的 p 值是否相同？	是	
所有的表格都在正文的相应位置处有参照标志吗？如“见表 1”	是	

另外，所有表格不一定都是数字表格，有的时候也需要使用文字表格用来交代质性或解释性信息。例如，在文献综述中，可以采用表格的形式简洁明了地阐述以往的研究。

（二）图形

在了解了表格的要求之后，小钱和小赵接着针对图形的问题进行了学习，开始查找图的使用要求和注意事项。见表 6-5。

表 6-5　图形的核查清单

条目	预期结果	自检结果
这个插图有必要吗？	是	
插图与表格和正文是否重叠？	否	
有图序和图题吗？图题的表述是否简洁？	是	
坐标轴的标值是否合适？坐标轴是否有名称？	是	
插图中的一般文字是否为 6 号宋体？	是	
类似的插图或者重要性相仿的插图是以同样的坐标系画的吗？	是	
插图中的符号及缩写都在图注中有所说明吗？	是	
所有的插图在正文的相应位置处是否被提及？	是	

图形的制作比表格更复杂。一般来说，要注意以下规范：

1. 要有图序。图序即插图的序号。根据插图在正文中被提及的顺序，用阿拉伯数字进行排序，如“图 1”“图 2”等，并尽量把图安排在靠近第 1 次提及它的位置。

2. 要有图题。图题即图的标题，每幅插图都要有一个图题，图题应该简短、精炼、准确。如图题仅仅写“成绩”就太模糊、不准确；若写成“实验小学一、二、三年级班级数学、语文、英语平均成绩”，又过于啰唆；正确的写法为“不同年级小学生主要学科平均成绩”。

3. 图例放在图形区内。图例常被放置于图内并成为插图的一部分，因此它的字体和字号应与图的其他部分相同。

4. 必要时可加图注。图中未能表达又必须要表达的信息应在图注中说明，如需要解释的度量单位、符号以及缩略语等。

5. 插图中的文字通常采用 6 号宋体。如果有特殊要求，如要突出某些文字，可以增大字号或改变字体。

6. 采用黑白二色制图。除非插图需要彩印，否则不要用彩色制图。虽然彩色插图在计算机屏幕上非常清楚，但打印的黑白稿则可能不清楚。最好采用黑白对比分明的安排，填充不同方向的条纹或网络，以增加对比度。一般只用 3 种颜色区分（白、黑、灰/条纹/网格）。

小孙学习过图形的使用要求和写作规范，对自己刚开始制作的图形进行了审视、修改。（见图 6-3）

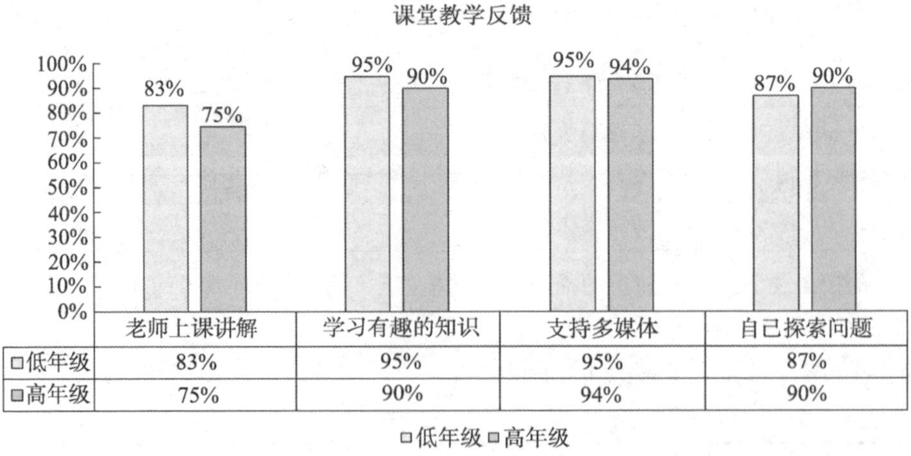

图 1-3

图 6-3　小孙论文中小学生课堂教学反馈图

小孙所制图形主要存在以下问题：

（1）缺少图题。仅仅有图号 1-3，但没有图题。

（2）坐标轴缺少名称。可增加纵坐标名称“人数百分比”。

（3）图形可再简练些。删除“课堂教学反馈”和表格下方的“低年级”“高年级”两行文字（包括文字前的图形）。

（4）图例可放在坐标轴内。

修改后的规范图形如图 6-4。

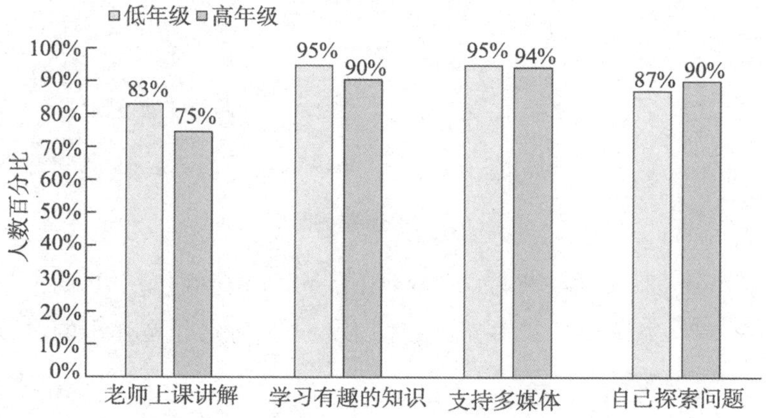

图 6-4　小孙论文中小学生课堂教学反馈图

（三）制作图表的方式

制作图表的软件比较多，可以利用这些软件制作出准确而美观的图表。

1. 制表软件

（1）SPSS 软件。前面已提到，SPSS 是常用的统计软件之一，可以输出直接的统计表格。不过，直接输出的统计表格并不能直接放到论文中，而要根据具体的要求（如期刊的要求）进行修改，也可能是多个统计表格的内容最后整合到一个表格里。一般来说，要将 SPSS 中统计表格里的数据填写到用 Word 画好的表格中。

（2）Word 和 Excel。在 Word 和 Excel 中制作表格也比较容易，可以直接将数据结果从 SPSS 中复制并粘贴到用 Word 和 Excel 格式制作的表格中。

2. 制图软件

（1）SPSS 软件。在 SPSS 中选择“图形”，点击“图表构建程序”就可以数据制图了，也可选择“旧对话框”中的相应图形制图（见图 6-5）。

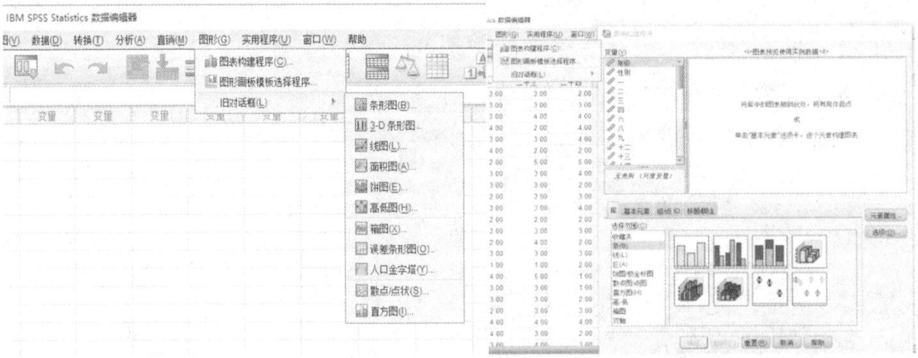

图 6-5　SPSS 制图示例

（2）Word、Excel 和 PPT。在 Word 中，可以直接使用“插入”—“图表”进行绘图（见图 6-6），并可选定图形双击右键后，在弹出的“设置绘图区格式”中进行编辑。

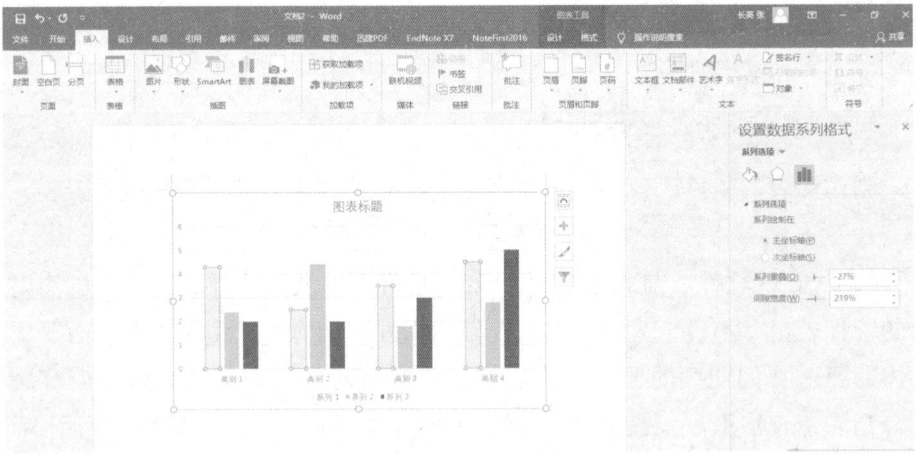

图 6-6　Word 制图示例

Excel 是使用最多的画图工具。在 Excel 里可完成许多图形（见图 6-7）的制作，并可根据要求编辑图形。编辑后，可将图像复制到 Word 中相应位置上。

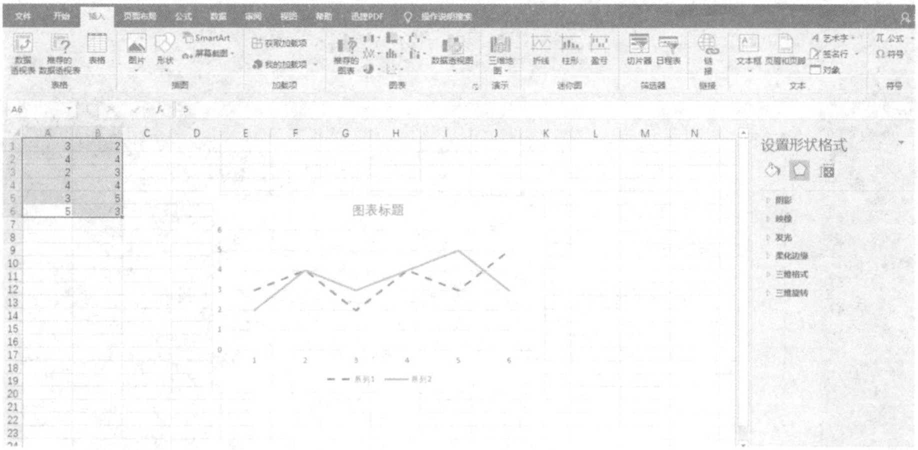

图 6-7　Excel 制图示例

PPT 也是目前使用比较多的制图工具，不仅可制作统计图，也可制作复杂的结构图（见图 6-8）。最后将编辑好的图形复制到 Word 中。

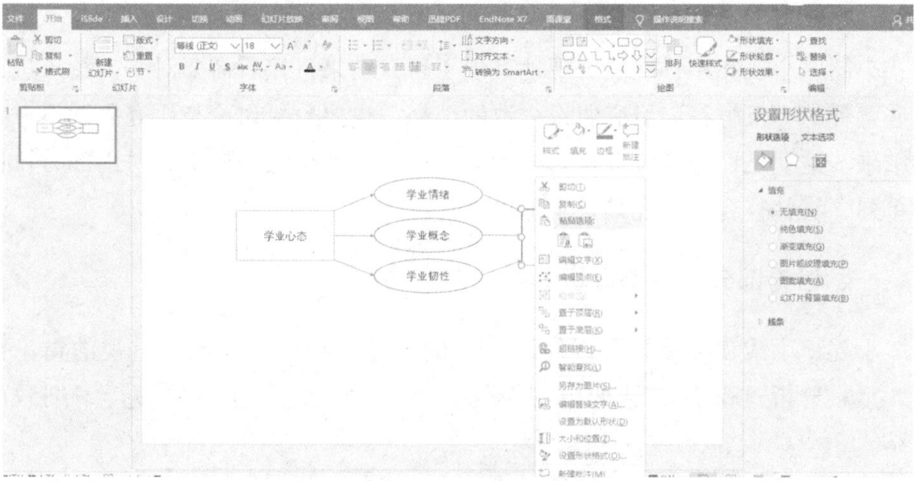

图 6-8　PPT 制图示例

（3）Adobe illustrator 画图软件。Adobe illustrator，常被简称为 AI，是一种绘制工业标准矢量插画的软件，制出的图形精美清晰（见图 6-9）。可以将在 AI 软件中制作好的图形复制到 Word 中。

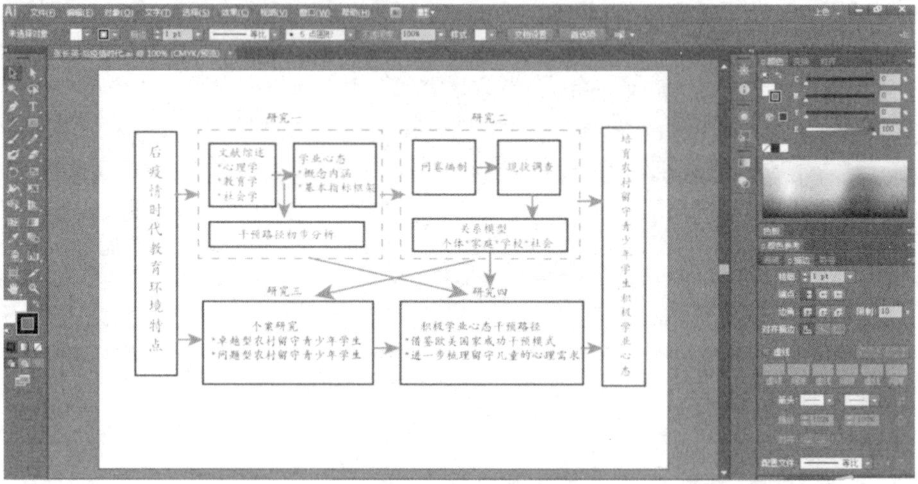

图 6-9 Adobe illustrator 制图示例

任务三 研究结果的讨论

小赵、小钱和小孙准确美观地呈现了研究结果，接着需要对研究结果进行一些解释。不仅解释与研究假设一致的结果，也要分析讨论与研究假设不一致的结果。这就是讨论部分。有时根据文章的需要或杂志的要求，讨论部分可以不单列，将其整合到研究结果中即可。

一、讨论部分的实例分析

小赵、小钱和小孙打开以前泛读过的文献，精读以往没有重视的讨论部分，重点分析这部分的结构内容及与其他部分间的关系，并进行了细致的总结。

并不是所有文章都有单独的讨论部分。当讨论相对简单，无须进行更深入的理论分析时，可以将这一部分与前面关于结果的那个部分合并在一起，就有了诸如“讨论与建议”或者“结论与讨论”这样的部分，或者将讨论整合到“结论与建议”部分。

二、讨论部分的内容结构与呈现技巧

小赵、小钱和小孙通过总结发现，讨论部分一般包括以下内容：重述研究结果、解释研究结果、总结研究贡献和不足等。

（一）重述研究结果

在讨论的开始，首先应该用几句或一段话简要概括研究结果，以便引导读者更好地理解后文的讨论。小赵对小学生饮食素养的基本状况是这样描述的：

> 学生个体在年龄、性别、体型、身体状况、学习效果和性格表现方面都因饮食的影响表现出差异，小学生对饮食知识、饮食安全、饮食意义和饮食生命伦理的把握比较浅显，在饮食习惯、饮食偏好、学生餐桌礼仪方面也存在一定的问题。影响小学生饮食素养的因素分别为家庭环境、教师理念以及学校系统，家庭层面中，家长的饮食习惯、参与学校活动的方式、饮食教育观念以及同伴交往影响着学生对饮食的理解；教师的饮食要求、教育方式、管理模式都会对学生饮食素养产生影响；学校层面中，课程教学、活动安排、饮食环境也会使学生的饮食认知和表现发生改变。

在这部分需要注意的是：第一，避免简单地复述研究结果，而要用简洁的语言概括研究发现。第二，避免使用统计数据、展示研究结果的细节，而只需强调重点的研究结果。第三，在重述结果时，可将研究结果与前文中研究假设结合在一起。若有多个假设，可以将研究结果分段列出来。

（二）解释研究结果

在初写文章（主要指实证论文）时，往往不知如何展开讨论，这时将结果与前文提出的研究假设、该领域其他研究进行比较时，就会意识到哪些问题需要解释了：① 研究结果验证假设了吗？如果验证了意味着什么？如果只是部分验证或未能验证意味着什么？为什么会如此？② 研究结果与该领域有关理论和相关研究吻合吗？吻合意味着什么？不吻合又意味着什么？为什么不吻合？这些内容可根据期刊特点和论文类型选择性呈现条目及条目的前后顺序。例如小钱在解释家长热衷于影子教育的原因时，做如下分析：

> 不难看出，家长接受“影子教育”是一个从无到有的过程，通过与他们的对话，笔者可以感受到他们对“影子教育”的看法经历了三个阶段：从最初的“一点没有过辅导经历”，逐渐通过多种途径接收“影子教育”的信息，再到最后孩子的成长让他们构建了对

“影子教育”的信赖。我从家长的话语中读出的不单是他们对孩子成长的期待，还有“家长主义”的表现。

毫不夸张地说，家长们对于校外培训的需求是“家长主义”的外化。随着我国现代化、城市化进程的愈发加快，造就了不少双职工家庭。这些繁忙的家长即使有能力辅导自己孩子，有心想陪伴孩子，也不一定能抽出时间。因此，他们选择利用校外培训机构来实现孩子教育教学及校后托管的双重功能，同时将培育孩子成长成才的希望寄托于教培机构。

为了迎合家长为子女谋求优质教育、个性化教育的期望，许多教培机构都发展出自身独特的教育方式和优势学科，这就使得当前市面上的培训机构五花八门、良莠不齐，让有需求的家长难以辨别好坏，更不用说很多对“一对一培训毫无概念”的人了。在笔者对家长的访谈中，当问及如何选择教培机构时，他们的回答都是参考“家长的推荐”“教培机构的传单信息”“别人家孩子上的感受”，这与刘妈妈选择教培机构的方式几乎如出一辙。

在这部分内容中，应注意的是：第一，不宜包含大篇幅的文献综述，而是结合研究假设解释研究结果，探讨得出研究结论的原因。第二，避免呈现前文没有的分析和结果，且所有的解释都要基于一定的理论或数据。第三，当研究得到意外的结果时，也要进行分析，不能弃之不管——因为意外的结果，有时会带来意外的发现和惊喜。

（三）总结研究贡献和不足

一个研究的完成应有一定的创新贡献。在讨论部分，有必要让读者相信你的研究具有一定的创新性贡献。第一，与已有理论和当前研究联系起来，阐明与其他研究相比的独特性或对理论发展的作用。第二，说明对未来研究的意义和启示，也可指出研究结论的实际意义。

当然，任何研究都不可能是十全十美的，都或多或少存在一定的局限。在这部分，还可以提出研究中存在的问题，以及后续研究的建议等。具体内容可包括：第一，研究存在什么问题？为什么未加以控制或克服？这可能带来什么样的后果？第二，研究有无引出新的矛盾？随后需要进一步探讨的问题是什么？

一般来说，存在的局限可能是研究样本的数量太少或取样偏差造成的研究结果的外推力较小；也可能由于一些因素没有完全考虑清楚，影响了研究结果的准确性等。这些研究局限可作为后续研究的方向。小钱在总结自己的研究局限时谈道：

诚然，课外补习能在一定程度上帮助学生提高成绩，但如今“影子教育”高烧不退的社会现象应值得我们反思。本研究通过一对一访谈也窥见“影子教育”的现实困境：学校教师对学生参加补习后能否提升成绩的质疑，教育机构是否有追求商业效益之嫌，家长重视孩子补习是否为盲目跟风，补习会不会影响学生今后成长成人，学生自身参加补习的意愿程度等。本次研究也确实存在一些不足：第一，研究对象不够全面，一、二年级学生没有列入研究对象中。第二，研究的范围较小，仅仅对两所教育机构的儿童进行分类调查，而且对于市面上的艺术类教育机构也没有进行调查，社会相关利益群体对这类机构的看法还有待调查。第三，政策研究不够完善，没有探寻国家教育政策对“影子教育”相关利益群体的影响及他们对此的看法与态度等。

作为一个教育研究者，笔者对“影子教育”的研究仅局限于自身的兼职教师经历以及寥寥数十人的访谈与观察，后续研究若能扩大到更多的相关群体，相信更多人的教育故事将会尽显“影子教育”的完整面貌，同时也会为其他研究者深挖“影子教育”提供更为详尽的参考数据。

项目七　学术论文写作

任务引入

在学习了学术论文的选题、文献搜集与分析、数据收集与分析等内容后，小赵、小钱和小孙进入了论文写作的实战阶段——写出一篇学术论文。对他们而言，这是第一次尝试，因此，既是一次锻炼，也是一个挑战。

学习目标

1. 掌握学术论文写作方法
2. 了解学术论文写作策略

具体内容如图 7-1 所示。

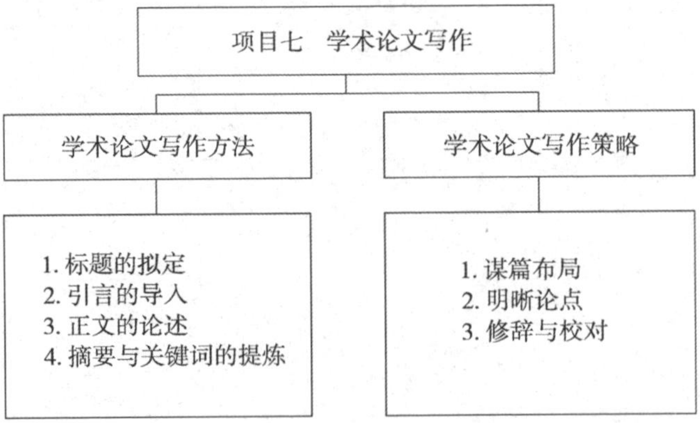

图 7-1　项目七内容结构图

任务一　学术论文写作方法

如果用一句话概括学术论文的写作方法，可以简述为：根据学术论文各个要素的要求呈现出作者研究的缘由、过程和发现。如前所述，学术论文的核心要素组成有标题、引言、正文、结论，此外还有摘要和关键词等。按照这个顺序，小赵、小钱和小孙尝试了人生第一篇学术论文的写作。

一、标题的拟定

标题是一篇论文最先印入读者眼帘的部分，一般都能高度概括论文的主要内容或突出论文的论点，读者通过它可以知道论文的主旨何在。因此，标题影响着读者对论文信息的撷取，反映着论文的整体质量。正可谓“标题如戏眼”。

确定好选题后，如何才能拟好标题呢？需要注意哪些方面呢？

（一）标题要精准

标题要反映论文的核心内容。小赵在决定研究小学生饮食这个主题后，需要进一步明确论文的研究问题、研究目的和论点。这时需要思考一些直击论文中心的问题：研究的目的是什么？其中的创新思想是什么？想得到什么结论？有研究指出，论文标题一般要传递出两个信息，文章的研究对象和核心论点。① 通过对这些问题的思考有助于进一步明确写作方向和目的，从而有利于对标题的提炼。

小赵在小学生饮食这一主题下，进一步思考论文的主要内容和写作目的，力图分析小学生饮食的现状，然后挖掘其中的影响因素，最后有针对性地提出改善建议。基于此，他将题目初步定为“家庭教养方式对小学生饮食素养的影响研究”。后来又考虑到这个选题范围有点大，尤其是研究对象及其关注的主要论域，可以进一步作精准化处理。比如，小学生包括城市小学生和农村小学生，饮食素养包括饮食知识、饮食理念、饮食动机、饮食习惯、饮食安排、饮食态度等。鉴于此，小赵重新检视了论文内容和写作目的，最终决定对标题

① 王雨磊．学术论文写作与发表指引［M］．北京：中国人民大学出版社，2017：126.

进行修改，将原标题改为“家庭教养方式对农村小学生饮食态度的影响研究”。前后标题相比，修改后的标题无疑更贴合论文的主要内容。

由小赵的案例可知，学术论文标题中的每一个字词都要经过推敲，都要在论文中找到根据，避免出现标题中的重要词语在论文中没有体现的现象。如计划以“小学数学课堂情境创设存在的问题及对策”为题目，在论文中就要体现“数学”课堂情境创设中的一些问题，而不能泛泛而谈一般课堂都可能面对的情境创设，否则题目中的“数学”两字就没有存在的必要。不能说论文是以数学课堂为调研基础的，题目中就要有“数学”两个字，要真正挖掘出属于“数学”课堂的问题，而不是“语文”或“英语”课堂也都容易出现的问题，只有这样才能在题目中加上“数学”二字。

除了要恰如其分地反映论文所指，还要给论文佩戴合适的“帽子”，帽子过大或过小都会令人对论文的印象大打折扣。例如一位本科生选修“教育学”课程后提交了一篇以“论中国教育学产生的必要”为题的论文，给人的第一感觉就是帽子太大，仔细阅读论文后发现，其内容无非就是将教育学的发展历程进行了梳理。因此，在这样的内容上冠之以如此宏大的题目难免会贻笑大方。

（二）题目要简洁

标题一般不超过 20 个字，避免过长，太长的标题会给人一种不明快的感觉，不利于读者瞬时就看到论文的主题内容，在浩如烟海的学术文章中，不能有效传递信息的题目肯定不是好题目。当然这只是个一般原则，不是绝对的要求。如小赵论文的标题字数就是 21 个字，虽然超过了 20 个字，但还是比较简洁的，也是完全可以的。所以，也不可为了简洁而简洁，影响对论文内容的概括。有时为了限定研究内容、研究对象和研究方法等，可以采用主标题和副标题相结合的形式。通常主标题表达论文的核心论点、核心概念等，副标题主要起到限定研究范围和研究角度、突出研究方法等作用，主副标题之间根据语义一般用冒号或破折号隔开。如“职业教育非货币收益：概念、方法、类型”这一题目，主标题表达了论文要论述的核心概念，副标题则限定了研究范围；在“新入职小学教师专业能力发展研究——以教育学院近三年师范毕业生为例”这一题目中，主标题指出了论文研究的主要内容，副标题揭示了论文的研究方法。在这里并不是提倡使用主副标题的形式，只是表明在必要时可以采取这样的形式，并注意标题的规范。标题的简洁还要求既不落入俗套，也不刻意标新。语言质朴但很有吸引力，不要以虚浮的辞藻装饰，不使用简缩词，也不使用特殊符号。

标题还需要高度概括，做到每一处字词都是经过精心雕琢的，不少一个字，也不多一个字。用语讲究学术性，不能平铺直叙，要在研究问题、研究目的和研究内容的基础上进行抽象、概括。小赵起初注意到了小学生用餐时存在的挑食、浪费等现象，在经过对问题概括、提升后提出“饮食素养”这个选题。“饮食素养”这一概念既涵盖小学生用餐的各种常见表面问题，又包含由用餐引发的多种道德教育问题。标题拟定时需要从初步、直接思考逐步引申出更具凝练性的表达，高度概括论文的思想和内容。

（三）题目要传神

谨慎采用“××初探”“浅析××”这样的标题，因为这样的标题不能让读者明白论文究竟在研究什么、研究到什么程度以及研究亮点何在，也就是说这样的标题没有点明论文的要点。小孙将论文题目初步定为“经验之塔与小学课堂”，意欲将“经验之塔”与“小学课堂”联结起来，但同样没有表达出核心思想，使人读后不知道作者要论述什么。后来小孙将题目更改为“建造‘经验之塔’——构建小学课堂的实践研究”，相比而言，修改后的题目更利于论文思想的表达。“A 与 B”“A · B · C”这样的标题在较早时期被一些作者使用过，告诉读者这篇论文是要论述什么主题，但随着文献信息量的急剧增加以及人们对问题认识的逐步深入，这种题目现在已经没有优势。因此说，让读者看不到文章精髓的标题肯定不能算好标题。

以一篇学位论文为例，其中一章的主体内容呈现教师在学校管理中的领导力发挥现状并对该现状进行分析。在初稿中此章下设的两个节标题拟为“教师在学校内部管理过程中的领导作用发挥”和“教师领导力在内部管理中的作用分析”。这样的标题虽然已经交代了这一章节的主要内容，但尚未明确核心思想，因此不能算是一个很好的标题。后来作者经过斟酌，将这两个标题更改为“被邀请的管理决策者：教师在学校内部管理中的领导作用发挥”“体制与专业的磨合：教师在内部管理中的作用分析”，此时呈现给读者的不仅有这一节的主要内容，还融入了作者的主要思想，让题目显得立体、鲜活。

需要说明的是，学习拟定标题并不是空洞地去增加标题吸引力，或只在标题上做修饰。标题的拟定需要写作者进一步增加知识底蕴、问题意识和学术功底。同时需要明白的是，不管多么好的标题，如果离开论文实质内容的托衬也会显得苍白无力。所以，除了注重拟定一个好标题外，还要注重论文的核心内容，让正文与题目相得益彰。

二、引言的导入

引言的目的在于引出论文的实质内容，为论文的后续内容做好铺垫，同时为论文成果做一定的“宣传”，告诉读者为什么研究、研究过程等。引言一般短小精悍，期刊论文引言以200~300字居多，学位论文引言会长一些。

引言虽然简练，但涵盖内容却比较广泛，一般包括如下几点：① 选题的由来。② 国内外对此选题研究的现状。③ 选题所要提出的问题、解决的问题以及解决的办法。[①] 通过对这些问题的高度概括，引出自己的研究问题和研究目标，从而顺理成章地吸引读者继续阅读正文。

以小孙在论文《建造“经验之塔”——构建小学课堂的实践研究》中撰写的引言为例：

> 现代信息技术促进了社会历史的进程，推动了教育的创新变革，开创了一个崭新的教学时代，教学技术愈来愈重视“教师引导孩子去探索问题”。在此基础上，学习应当遵循从直接到间接、从具体到抽象的渐进原则。但“经验之塔”的理论并不是一种从“具体的直接经验到抽象的间接经验”的程序化教学过程，其主要阐述了面对不同的教学内容，我们应该选择何种更合适、更优化的教学媒体。本文将分析“经验之塔”理论在小学课堂中的应用。

由此可知，小孙已经基本掌握了引言写作的要领，在引言中提出了研究背景、研究问题和研究目标，为全文内容进行了铺垫，引起了读者阅读正文的欲望。但需要指出的一点是，引言要精简，讲究字字丰实，不说无关话。按照这样的标准，引言中的第一句概述的是现代信息技术的重要性，与论文主题相距较远，可以考虑将第一句与第二句综合起来，点出现代信息技术作为教育改革的背景即可。

我们再来看小赵在论文《家庭教养方式对农村小学生饮食态度的影响研

① 周淑敏，周靖．学术论文写作［M］．北京：清华大学出版社，2018：90.

究》中的引言：

> 饮食教育作为生命存在必不可少且平常的一道程序，往往容易被人们忽略。利用访谈法对小学生饮食素养的现状进行深入调查，深度分析影响当前饮食素养问题的因素，提出行之有效的建议。
>
> 目前，我国对于饮食教育的研究大都停留在理论层面，对小学生饮食素养现状和推行建议的研究尚不充分。因此，研究者以小学生饮食素养的现状为切入点，探究当前小学生饮食习惯的特点，寻找饮食方面存在的问题，探究影响因素以找到改善措施。由此不仅能够了解饮食教育实施的现实基础，还能够分析出开展的程度与状况，对当前小学生开展饮食教育提出可实施对策，为小学开展饮食教育提供借鉴，促进小学生行为习惯和人格的完善。

这则引言强调了研究问题的重要性以及选题的由来，指出了要解决的问题、研究现状以及研究方法等，可以说比较全面地把握了引言要旨。

三、正文的论述

正文是对研究问题详细论述的部分，是论文的主体，具体地体现着作者的思想。相对于其他部分来说，正文写作的工作量比较大，需要逐级、逐个展开对问题的论析，一些初学者可能不知从何入手。尽管每个人的写作习惯和方法有别，但学术论文正文的具体写法大体上遵循以下基本程序。

（一）论述层次的确立

凡事预则立，写论文亦如此。写作开始前一定要设计好论述的总体提纲，至少先搭好论文大的框架。或许有作者会问，大的框架如何产生呢？这就要看作者研究什么问题以及怎样阐述问题。作者也可以从文献资料中总结论点，并在此基础上梳理论证问题的思路，这个思路就可以引申为论文框架。以小赵的《家庭教养方式对农村小学生饮食态度的影响研究》为例，首先他非常明确自己的研究问题和目的是要呈现小学生的饮食素养现状并提出相应建议，基于此，他将论文大的框架设为农村小学生饮食素养的现状、农村小学生饮食素养的影响因素、农村小学生饮食教育的建议三个部分。当然，具体的大框架标题也是逐渐修改完善的，但各部分的主旨、内容是肯定要预先确定的。大的框架搭建好后，论文写起来思路就比较清晰了，能非常明确地知道每一部分要完成什么内容，以及每一部分在整个论文中的作用。

论文框架设定后，接下来可以将掌握的对论证问题有启发作用的、可以引用的材料以及调查结果等材料对号入座填充到相应的框架下，对某一框架下要阐述的问题有哪些灵感和想要阐述的中心思想也可先记录到这一框架下。简单地说，这一步所做的工作就是在论文的各个框架下堆砌材料，将所掌握的材料根据框架主旨分门别类地安置。这一工作虽然看似简单，但一般需要花费较多的时间，也需要较好的耐心，更需要对整个论文框架清晰地把握，才能准确地将材料进行归类。在梳理这些材料时，小赵、小钱和小孙还遇到这样的问题：一些原认为很有价值的材料“无处安放”，一些材料对应多个部分等。这些其实是在提醒他们反思原有框架是否合理。在论文大框架确定后，小赵花费了比较多的时间将所有的阅读笔记、灵感思想、调查资料等都按照既定框架进行整理，逐一判断哪些材料是在论证或说明哪些问题，然后将所有材料分类归入大框架下的次一级框架中。对这些材料的重温和整理一方面为后续的写作提供了直接的资料，另一方面也促使小赵更进一步地思考。小赵是一个心思缜密、做事认真的人，他在整理材料时还注意将这些材料的出处标示清楚，从而为后续参考文献的整理提供了准确、方便的信息来源。

在使掌握的材料各就各位之后，小赵接下来就要在相应的框架下思考如何将某一部分论述清楚。例如，在“农村小学生饮食素养的现状”这一框架下怎么把一个庞大的现状论述清楚呢？小赵开始在这一框架下构思小框架，他采用小标题的方式，即在大标题下列出下一级的标题，从农村小学生饮食素养的个体差异、农村小学生饮食认知、农村小学生饮食表现这三个方面论述饮食素养的现状。此时，小赵将视野集中于某一框架，继而将这一框架下的材料按照小标题进一步分层归类，见表 7-1。当然，除了这种小标题方式外，还可以用中心句或直接陈述的方式加以呈现。只有做到构思巧妙、立意新颖，写出来的论文说服力才会强。对材料进行归纳、提炼的本领也反映了论文写作的基本功如何。某一框架论述结束，继而论述下一框架，直至完成。

表 7-1　小赵论文正文的框架结构

四、农村小学生饮食素养的现状 （一）农村小学生饮食素养的个体差异 1. 不同年龄 2. 不同性别

续表

3. 不同体型 4. 不同身体状况 5. 不同学习效果 6. 不同行为表现 （二）农村小学生饮食认知 1. 对饮食知识的认知 2. 对饮食安全的认知 3. 饮食意义 4. 饮食生命伦理 （三）农村小学生饮食表现 1. 学生饮食习惯 2. 饮食偏好 3. 学生餐桌礼仪 五、农村小学生饮食素养的影响因素 （一）家庭环境 1. 家长饮食习惯 2. 家长饮食教育观念 3. 家长参与学校活动的方式 4. 同伴关系 （二）教师理念 1. 教师饮食要求 2. 教师教育方式 3. 教师管理模式 （三）学校系统 1. 学校课程教学 2. 学校活动安排 3. 学校饮食环境 六、对农村小学生饮食教育的建议 （一）家长发挥榜样作用，家校合作精准共育 1. 家长发挥榜样力量 2. 家长积极配合学校活动 （二）教师增强饮食认知，灵活运用教育方式 1. 提高学校教师饮食教育的知识水平和技能 2. 灵活运用多种饮食教育的方式 （三）学校开展饮食教育活动，营造联动支持环境 1. 学校注重开展丰富多元的饮食教育活动 2. 定期进行饮食教育座谈 3. 建立多主体联动的支持性环境

小赵即通过这种抽丝剥茧的方式将饮食素养的现状与教育这一主题分析得较为透彻，框架由大至小逐层确立，既统揽全局又分析得细致入微。这种方式本质上是通过列提纲的形式推动论文的形成，但提纲并非一成不变，在写作时要根据新思路进行适时的调整。总体上正文可由各个标题来统摄，各级标题综

合起来既能紧密围绕中心论题又能让整篇论文层次明晰。如此论述的方法便于作者对论文整体框架的把握，同时利于将观点论述透彻，而且有价值的材料不易遗漏或重复。总之，既要使论文大的框架方向上的论述准确、完整，又要使各个小框架论述清晰明了，这样读者对作者的写作逻辑就会一目了然。

（二）论证的开展

论述结构确定后，还要面对如何才能把中心论点传递给读者的问题，这就需要进行论证。论证是学术论文中用论据证明论点的过程和方法。它是联结论点和论据的桥梁，解决的是怎样用论据证明论点的问题。论证是学术论文写作中的重要环节，论证让论点和论据联结起来。

以小赵在“农村小学生饮食素养的影响因素”这一问题下的论证为例：

> 教师在小学生饮食教育开展的过程中，对小学生的饮食素养产生了重要影响。教师在学生小学阶段扮演着权威的角色，小学生对教师的要求可以说是严格执行，所以在教师对学生的饮食提出要求时，学生一般会照做。
>
> …………
>
> 在饮食纪律方面，由于班级内人数比较多，教师需要对学生的行为进行规范以便于管理班级吃饭，其中主要包括饭前排队洗手、有序领饭，在就餐过程中保持安静，饭后主动清理好个人卫生，清洁就餐环境，最后要求学生尽量光盘。“中午老师一般要求最后只能剩一格的饭菜，因为他们现在是分餐制，就是饭菜在一个盘子里面，你最后去倒剩下来的饭菜时，只允许有一格。我觉得这也是为他们的健康考虑，多吃点，尽量不要浪费粮食。”

可以看出小赵在分析教师理念对小学生饮食素养的影响时，分成了饮食要求、教育方式和管理模式三个方面，具体论证的方式主要采用了理论分析和访谈资料相结合的办法，对教师的要求对小学生可能形成的饮食素养的影响进行有理有据的论证。

一些作者在论证过程中偏向数据证明，以一位本科生对新入职小学教师教学方式的研究为例：

> 新入职小学教师所倾向的各种教学方式统计如图（图略）。可以看到：35.22%的教师倾向于讲授式，14.08%的教师倾向于讨论式，

16.9%的教师倾向于探究式，33.8%的教师倾向于启发式。可见，新入职小学教师更倾向于讲授式和启发式的教学方式，而较少使用其他教学方式。

论证的具体方式要灵活把握，不必拘泥于某一种模式，如下列论证即采用观点佐证和理论分析相结合的方式：

专业权威：教师领导的基础动力

教师领导力以教师的专业权威为基础和保障。教师依靠具有的专业知识和影响，在同行中形成权威，并依靠自己的专业力量对学校发展提出建议。弗兰克·克罗泽（Frank Crowther）等指出让教师成为领导者的选择是“对专业领导能力的确认”①。专业给教师以尊严，继而形成影响他人的力量，也成为教师领导的动力来源。

何种力量能够产生真正的权力，与组织性质有关。在学校这样的知识密集型组织内，专业权威是其他权力的最重要基础和来源，教师成为领导者也主要倚仗专业权威。教师拥有最多的来自教学一线的信息，教师领导者这个标签也正是为了给那些与课堂实践更紧密结合的人以领导机会，专业赋予教师在影响学校发展中的话语权，让教师获得在科层权力之外的另一种力量，这种力量能制衡正式权力，甚至有时会超过正式权力的影响。专业权威不仅是教师领导的动力来源，也是教师领导得以产生的前提。

专业也为教师领导提供了一定的自主创造平台，构成了教师领导的重要内容。教师可以依托专业开展合作交流，在合作中增强教师的相互影响，也促进专业共同成长，从而最终可以更好地服务于学生的成长。

（三）结论的撰写

正文结束后，一般还会写结论。结论部分视情况而定，并不是每篇论文都有结论。结论作为论文的结束部分，是文章的升华，要明确指出研究成果或观点、研究价值等。结论要简明扼要，逻辑严谨，用语精炼。小赵在论文的结论

---

① Richard H. Ackerman & Sarah V. Mackenzie. *Uncovering Teacher Leadership：Essays and Voices from the Field* [M]. Thousand Oaks：Corwin Press，2007：1.

部分这样写道：

> 调查通过对江苏省小学一线教师以及学生家长的访谈，就农村小学生饮食素养的情况进行质性研究。在扎根理论范式的指导下，通过三级编码的方式对教师和家长访谈内容进行逐级编码，从个体差异、饮食认知、饮食表现三个方面出发，分析农村小学生饮食素养的基本情况。学生个体在年龄、性别、体型、身体状况、学习效果和性格表现方面都因饮食的影响呈现差异，小学生对饮食知识、饮食安全、饮食意义和饮食生命伦理的把握比较浅显，在饮食习惯、饮食偏好、学生餐桌礼仪方面也存在一定的问题。影响农村小学生饮食素养的因素分别为家庭环境、教师理念以及学校系统，家庭层面中家长的饮食习惯、参与学校活动的方式、饮食教育观念以及同伴交往影响着学生对饮食的理解，教师的饮食要求、教育方式、管理模式都会对学生饮食素养产生影响，学校层面中课程教学、活动安排、饮食环境也会致使学生饮食的认知和表现发生改变。最后根据访谈内容和文献资料，从家长转变、教师提升、学校支持三方面提出推行小学饮食教育的有效措施，激起家长参与的活跃度，树立榜样；提高师资力量，变通课程安排；学校统筹规划，打造具有学校特色的教学体系。由于研究者研究思维及能力的局限，本文主要是基于前人的理论，结合自身的调查和理解进行阐述，所以研究还不够透彻。提出的相关措施，尚未经过实践的检验，而且还需要进一步细化。在下一步的研究中，将以此篇论文为起点，进一步深入挖掘饮食教育潜在的值得开发领域，从而为小学生饮食素养的提升提出更为有效且实用的建议。

在结论部分，小赵总结了整个研究过程、研究方法、研究内容、研究贡献等，指出了研究的局限以及下一步努力的方向，为整篇论文做了较好的收尾。

四、摘要与关键词的提炼

小赵、小钱和小孙完成全文的撰写后，接下来一个非常重要的任务就是写摘要和关键词。摘要虽然位置在前，但其撰写通常置于正文完成后。在摘要正式撰写前，作者需要从头至尾阅读全文，对论文内容了然于胸后再对全文思想进行梳理，整理出论文的中心论点和各分论点，提炼出论文的思想主线，然后概括性地将这些内容表述出来形成文章的摘要。

摘要的撰写需要高度重视，它是论文的展示“橱窗”，是对论文内容的高度概括，要求简短、精炼、完整，字斟句酌，同时还要注意保持完整性。摘要一般以第三人称进行撰写，论述主语一般就是原文的研究对象，用语尽量保持客观性。尤其在期刊论文中，要避免出现“本研究”“本人”这样的字词。

我们来看小孙在论文《建造“经验之塔”——构建小学课堂的实践研究》中撰写的摘要：

> 现代信息技术推动了教育的创新变革，开创了一个崭新的教学时代。文章在明辨具体经验和抽象概念的基础上，论述了“经验之塔”理论与小学课程的整合与具体运用，进而论述了“经验之塔”的优越性、缺陷与异化，为今后的小学教育的进一步发展提供了理论依据。

根据小孙所写摘要可知，他已经知道在对论文整体把握的基础上再撰写摘要，而不是直接摘抄文中的话语。此摘要用语较凝练，基本可以反映整篇论文的内容要旨，可以看出小孙的概括意识和能力有了一定进步，已经较好地掌握了摘要撰写的基本方法。

提炼“关键词”也是一个对论文进行锤炼的过程。可以从题目、摘要和正文的重要词语入手，注意“关键词”的专业表达方式。好的“关键词”是论文核心观点的传播，可以对论文进行统摄。“关键词”不是强凑的，而是作者对论文内容应归属于哪一类问题的思想反映。还要注意所提炼的关键词是否可以完整地代表论文所涉及的主体方面，如果不能，则需要调整。另外，关键词是反映论文内容的关键词语，能反映本论文与其他论文的差别，因此要有一定的独特性要求，“对策”“调查”“学生”等泛化词语一般不建议做关键词。小孙将论文的关键词设为“经验之塔；小学课堂；优越性；缺陷性；异化”，其中“经验之塔”与“小学课堂”确能反映论文的核心内容，但是“优越性”“缺陷性”“异化”却不能很明确地体现论文的特点。笔者的建议是，去掉后面三个未能体现论文特点的词语，将作为论文背景的“现代信息技术”增添为关键词，如此应该既能体现论文特点，又能对全文进行统摄。

任务二　学术论文写作策略

小赵、小钱和小孙通过以上论文写作方法的初步实践写出了他们人生中的第一篇学术论文。回顾这一实践过程不难发现，要写好一篇论文，作者除了需要具备扎实的专业理论知识，掌握科学研究的原则方法和论文写作的基本技能外，还需要掌握一定的写作策略——论文写作的总体谋划与关键节点的处置。

一、谋篇布局

如果将切实的写作视为“执行”，那么谋篇布局则是“指挥”的过程。写论文必须有一种“谋局”意识。谋篇布局是写作的关键节点之一，也是非常烦琐乃至复杂困难的阶段和过程，可能不会一帆风顺，需要多次反复乃至推倒重来。但即便如此，事实证明这样的“折腾”是值得的，在谋篇布局上多花一些时间也是有价值的，这对整个“战役”的最终获胜是极有帮助的——因为只有这一阶段的工作做好了，后续的写作才能顺利开展、事半功倍。

以小赵的论文为例，他在开始设计论文框架时用了很长时间，当然在这段时间内不是空想，而是通过进一步的掌握材料、思考经典书目的论述框架、向专家请教等，逐步谋划论文的结构框架。由于论文框架搭建得比较成功，所以小赵的后续写作过程比较顺利，基本没有走弯路。但如果缺少这一关键环节的耐心打磨和仔细推敲，或许结果就不会这么顺利。要知道“走一步看一步”的写作习惯，对初涉这个领域的作者而言，不仅会让人感觉论文的论述如在云里雾里，而且还会使写作面临前功尽弃的危险。

那么如何谋篇布局呢?

首先，论证的角度要从高位出发。要从整个论文的大局出发，从研究问题和研究目的着手，重点回答好以下几个问题：文章的中心论点是什么？怎么提出问题、如何分析、怎么解决？通过论述要达到什么目的？如何将中心论点论证透彻？各部分之间如何安排？等等。对这些问题的考虑都要以是否有利于准确、有力地表达论文主题为中心。在论文设计的最初阶段，最重要的任务莫过于对文章整体架构的把握，确保论证思路清楚、通畅，对论文各环节的设计要周密、合理，富有逻辑性。在总体框架确定后，再继续思考相关细节的安排。不少有经验的作者通常会用标题来统摄思路，先把各个大标题确定，然后再在大标题下思考确立小标题。

其次，让论文的各结构要素各司其职且相互连接。如前所述，论文分为多个结构要素，这些结构要素承担着不同的职能，要让其发挥好应有作用。比如在“引言”部分交代好研究缘由、研究目标，在“结论”部分提炼全文论点并将观点进行提升。此外，还要注意各部分之间的连接。例如，如何从引言过渡到正文？如何引出结论？这些逻辑安排要让读者有一种一气呵成的感觉，而不是牵强附会。当然，除了各部分之间的顺利衔接外，正文论证过程中也需要步步相引，从某一具体论证自然而然地过渡到下一步论证。如同下棋，棋盘上的每一个棋子都要有它的作用，各个棋子之间相互连接，才可能构成一个完美的棋局。

再次，初稿写作不求全责备。开始写作时，不要过多拘泥于细节，出现一些语句不通、字词错误、标点误用等都是正常的，也是容许的。此时作者最需要保持清醒的写作思路，尽快将主题思想和论证要点表达出来。当然作者要有心理准备，不要奢望一气呵成、“一稿定终身”，此时只需专心做好论文“骨架”上的事，按照思维节奏将涌现出的所有想法都写下来。即使发现有必要修改的地方，也不要急着去修改，最好是先做好标记和确立修改意向，等到一个思路完整结束后回过头来再详细作修改。其实论文写作与构思框架并不是一回事，有时构思的框架感觉很好但在写作时却发现困难重重。如果确实碰到难点，也可以暂时停顿下来，或者暂时跳过难点，先写容易的部分，等到最后再回过头来写，以便让整体思维不受细节干扰，保证论文“大局”的顺利。

二、明晰论点

论点即作者要表达的观点或主张，它是论文之所以称为“论文”的核心所在。但不少初学者在写完文章后还不知道自己究竟要表达何种观点，或是不能清晰、准确地表述自己的观点。可想而知，拿这样的论文投稿会有何种结果。所以，在论文写作之前，必须对论点，尤其是核心论点进行辨析并使之明朗。明晰论点如同为写作旅程确立一个方向，一方面指引着作者的材料收集、观点论证、语句表述等后续工作，另一方面也有助于读者较明快地得知论文主旨和核心思想。

那么，在确定论点的过程中应注意哪些问题呢？

首先，要正确理解论点。论点不是选题，选题是作者计划深入研究的某一问题，而论点则是作者对这一问题的观点。小孙以“经验之塔”理论在小学课堂中的应用为选题，但其论点则是“要根据不同的教学内容选择适切的教学手段”。选题值得进行研究并写作主要是因为作者有期待与他人共享的观点。一些作者就是因为不能深刻地理解何为论点，没有问题意识，也就谈不上表达自己独特的观点。这样的写作如同在写一份“说明”而不是“论文”，投稿被拒也就不难理解了。

其次，统合既有论点。统合即统一、综合。作者在写作开始时所持论点可能是模糊的，至少没有确当的把握。作者需要阅读大量的相关文献，查阅前人如何对相关问题展开讨论，提出了哪些观点。对已有的研究论点进行分析，从中总结提炼，进而提出自己的论点。小赵写“饮食教育的建议”这一部分时，就综合了已有文献中提到的对策，尤其是日本、美国在小学生饮食教育方面的经验，为其提出建议提供了很好的借鉴。

统合既有论点不是人云亦云，而是在掌握既有研究的基础上，进一步提出更加合理的、经得起推敲的创新性观点。在统合论点时要注意的是，不能为自己提出的观点做铺垫就一概否定他人观点，或是直接用他人观点作为自己的论点。

再次，一篇论文，一个论点。① 很多作者在写作时好高骛远，希望面面俱到，实际上一篇论文也只能对某一个领域进行某种程度上的阐释，不可能做到大而全。写论文贵在专注、深刻，一篇论文只能有一个论点。每一篇论文甚至一本书，实际上只能回答一个问题。这个主题是一以贯之的，作者可以在论文中侧重这个问题的不同层次或不同向度，但是不能另起炉灶，否则就是另一篇论文。不论什么类型和篇幅的论文，必须有一个最终答案即论点，这个论点必须是概括清楚、表达清晰的，只有如此这篇论文才能够成立，才经得住同行专家的拷问和读者的审视。

三、修辞与校对

好的论文是有温度的。作者要考虑如何将自己的研究完美地呈现出来，让读者感受到作者的所知、所感。修辞即“修饰文字词句，运用各种表现方式，使语言表达得准确、鲜明而生动有力”。学术修辞即是在学术写作的过程中，

---

① 王雨磊．学术论文写作与发表指引［M］．北京：中国人民大学出版社，2017：113-114.

尽可能地利用素材和准确、鲜明的语词达成表述学术内容的目标。① 论文修辞要追求达到这样的效果：语调沉着却不呆板，论述客观却不失感性，文风朴实却不落俗套。例如小赵在论文的引言中这样写道："2020 年初，中国面临着一场无硝烟的战役，新型冠状病毒在人群中传播……这次疫情是大自然给人类敲响的警钟……而传统饮食文化中的丰富内涵正在被逐渐逼近的现代化气息吞噬。"这样的语句在论文之始就将问题很自然地提出并容易抓住读者的思路。假想小赵只是平淡地提到"饮食文化很重要"，效果肯定会差之千里。

如何做好论文中的修辞工作？有研究提出至少有三重功夫要做：准确、到位和逻辑。② 首先，遣词造句一定要准确。必须明确知道自己在说什么、写什么，自己写的和想写的是不是一个意思，表述是否符合初衷和目标。心里要切记：所写的每一句话一定要有所指，要实，而不要空，空话连篇的文章一般都不能有效取信于读者。同时，要统一全文的表达术语，避免歧义。其次，文字表述不仅要准确，还要推敲意思表述是否到位。谈一个概念或者一个框架，不能仅仅满足于把事情抛出来就算了，还要思考如何把该说的都说出来，把不该说的都删掉，让整篇文章显得干净利索。要检视你对材料的解读和分析是不是恰当，有没有过于简单，或者过度阐释？你的文章有没有重复？最后，写作一定要有逻辑。实际上，写作就像作者带着读者旅行，从研究问题出发，最终到达研究结论。在这个过程中，不能过分跳跃，要有一条固定的表述逻辑。写作一定要不断地去质疑自己的表述逻辑是否周严，上下文之间的联系是否连贯。

论文写出来后必须校对，这既是一种学术品格，也是一种写作习惯。校对不仅是一项技术工作，还是一种做学问的责任和态度。如果没有校对，可能会让基本达到发表水平的论文因为出现一些低级错误而功亏一篑。那么文章校对要关注哪些内容呢？（1）字词错误。现在绝大多数作者都习惯用电脑写作，电脑打字在带来方便的同时也容易产生错字、漏字、多字等情况，需要作者在文章完成后进行通读，以便发现这类错误并修正。此外还有一些容易混淆的词语，在校对时需要仔细斟酌。（2）标点错误。该用句点的时候用逗点，该用分号的时候用句点就属于这种情形。解决这类问题的办法一是要学习掌握标点使用的方法，特别是有一些新的规定要及时把握；二是要养成认真细致的良好

---

① 王雨磊．学术论文写作与发表指引［M］．北京：中国人民大学出版社，2017：97.
② 王雨磊．学术论文写作与发表指引［M］．北京：中国人民大学出版社，2017：100-101.

习惯。(3) 语法错误。如连词搭配不当、句子成分残缺、表达有歧义等。(4) 事实错误。如作者信息、页码编排、图表对应、数据信息、参考文献等出现错误。在校对文章时，并不是每个错误都很容易发现，需要多次校对，付出较多的精力。此外，在电脑上进行校对后建议将文稿打印出来进一步校对，这样可能会发现新的错误。

最后需要说明的是，论文写作固然有一定的策略和方法，但是做学问却没有捷径可走，唯有脚踏实地多读书、多实践，多请教、多思考，方能在搞科研、做学问、写论文的道路上行稳致远。

项目八　学术论文发表与学术规范

任务引入

小赵、小钱和小孙经过一段时间的实践终于写出了各自满意的学术论文，接下来他们将了解论文发表的情况，掌握必要的投稿方式和技巧。此外，知晓并遵守学术规范也是他们的必修功课。

学习目标

1. 了解论文发表的形势
2. 掌握投稿的方式与技巧
3. 知晓并遵守学术规范

具体内容如图 8-1 所示。

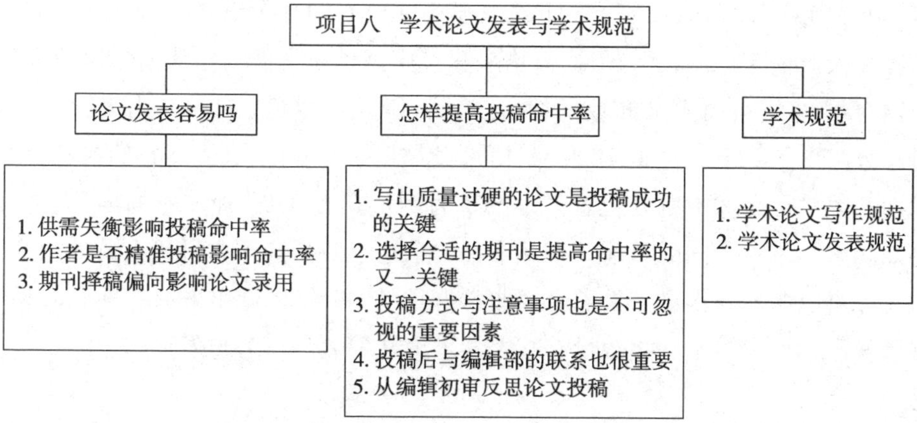

图 8-1　项目八内容结构图

任务一　论文发表容易吗?

谈到论文发表，很多作者首先想问的问题就是：论文发表容易吗？答案显而易见，总体而言论文发表不易，甚至不少人感慨，现在发表论文简直太难了。有研究进行了这样的统计：国外稍微好一些的期刊，投稿的命中率大概只有8%~12%。至于一些顶尖的期刊，投稿命中率基本不超过0.5%。在国外稍微好一些的期刊里投稿命中率高的，基本也不会超过15%。国内全部期刊综合起来投稿命中率也在15%左右，而核心期刊的投稿命中率会更低。有些国内期刊的投稿命中率甚至在2%~3%。① 造成这种局面的原因有以下几点。

一、供需失衡影响投稿命中率

期刊版面数量和论文发表需求数量失衡。据2019年的一份调查数据显示，国内科研人员的数量大概有6300万人，其中人文社科科研人员的数量大概为2000万人，自然科学研究人员的数量大概是人文社会科学研究人员数量的两倍。而在国内期刊资源方面，全国认定的学术期刊的总量是6400多种，其中人文社科类大概有2700多种，自然科学类大概有3700多种。可以看到，科研人员面向学术期刊发表论文的版面需求与学术期刊的实际资源数量相比是不相称的，而且科研人员对在核心及以上级别期刊上发文的需求非常大，可想而知高级别刊物的录用比例就更低了。据统计，533种南京大学中文核心期刊，每年大概有14万篇的版面容量。北京大学中文核心期刊有1900多种，每年的版面容量大概在55万篇。如果按人均来算，比例是非常低的。从国际比较来看，中国6000多万科研人员的数量约占全球科研人员数量的1/4，比美国科研人员总数高出了17%，可见中国的科研人员数量是非常庞大的。再来看我国的学术期刊数量在全球中所处位置，以SCI为例，其有3700种左右的期刊，在这些期刊中，来自中国的目前只有几十种，拿这个数据同国内科研人员的数量做对比，可以明显看出供需失衡已经非常严重了。② 而且近年来一些期刊开始缩减版面，加上高级别刊物数量有减，学术论文发表的形势愈发严峻。

---

① 周传虎. 学术论文写作与发表指南［M］. 北京：中国人民大学出版社，2019：1-2.
② 周传虎. 学术论文写作与发表指南［M］. 北京：中国人民大学出版社，2019：66-68.

二、作者是否精准投稿影响命中率

造成论文发表难的原因除了宏观上的外在约束外，还与作者的盲目投稿有很大关系。这里主要讨论两种关系：论文与期刊级别的对应、论文与期刊风格的对应。

首先，对于一些初涉研究者而言，可能还不太了解期刊的一些级别划分。以人文社科为例，可以总体上将期刊分为三类：C 刊、核心期刊和一般刊物。C 刊即由南京大学发布的中文社会科学引文索引（China Social Science Citation Index，CSSCI）来源期刊，是中文核心期刊中的一种，但在目前国内的几种人文社科期刊遴选体系中影响最大；一般所讲的核心期刊是由北京大学图书馆发布的，又称北大核心；第三类包括其他类别的核心刊物和普通刊物。对于哪些刊物属于 C 刊、北大核心期刊和其他核心期刊，官网都会定期发布相应的最新目录，作者通过查询便可得知。一般来说，C 刊是目前得到认可程度最高的期刊，其次是北大核心刊物。与 C 刊相比，北大核心期刊的刊物数量要多一些，一个期刊如果属于 C 刊一般也属于北大核心期刊，反之则不一定。在目前一些高校、科研院所等单位的科研考核中，C 刊的考核权重比例最大，其次是北大核心期刊，再次是其他类别的核心期刊和普通刊物。所以在 C 刊上发表的论文一般都是质量比较高的、代表学术前沿的论文。因此，如果作者不知晓刊物的级别，直接将论文盲目进行投稿，或者一味追求期刊级别高而论文质量又达不到要求，就难免发生投稿被拒的情况了。

其次，要注意所投论文与期刊的风格是否相符。学术期刊一般都形成了自己的风格，比如论文选题、论证方式、字数要求等。这些特点在期刊的投稿须知里一般都有说明，作者在投稿前要详细了解目标期刊的情况。如果投稿须知里明确说只发表“高等教育”领域的论文，关于“基础教育”的论文就不要投了。再比如投稿须知里指出论文字数在 1~1.5 万字比较适宜，如果论文字数在一万字以下，也建议改投他刊。有些期刊风格没有通过投稿须知等表明，作者可翻阅该刊以往发表的论文，从中体会目标期刊偏向何种风格。总之，如果不研究期刊风格而盲目投稿，出现论文风格与期刊不相符，一般也不会等到录用通知。

三、期刊择稿偏向影响论文录用

符合期刊对论文的质量要求和风格等也并不代表可以发表，因为期刊编辑还会优中选优。目前每本期刊基本都不缺稿源，甚至大量的来稿给编辑带来较大的工作负担，而期刊的版面有限，编辑需要在来稿中选择更符合选题方向的稿件刊发。此外，有的期刊会关注作者单位、作者学历和职称、论文是否是课题基金项目等情况，这无疑对一些非著名高校、目前学术地位还不高的作者造成一定影响，即使是质量相同的论文，可能会因上述情况的不同而出现录用与否的差别。由此可知，对于普通作者而言，特别是对于初涉研究者来说，论文发表之路可谓难上加难。

任务二　怎样提高投稿命中率?

既然论文发表这么困难，那么是否有办法提高论文投稿成功率呢？或者换句话说，要想使论文能够顺利发表，有哪些值得注意的事项。

一、写出质量过硬的论文是投稿成功的关键

虽然论文的投稿命中率总体很低，论文的成功发表很难，论文发表环节中存在一些不利因素，但作者尤其是初涉研究者也没必要心存畏惧，只要论文的质量过硬，一定可以在众多论文中脱颖而出。即使论文初投被拒，改投其他期刊也很可能以其过硬的质量引起编辑注意，甚至受其青睐。一言以蔽之，提升论文质量是发表的“王道”，一篇质量过硬的论文迟早都会发表的。

给大家分享一则笔者发表论文的经历。在刚读硕士研究生二年级时，根据导师布置的课程作业笔者搜索了一些教师专业发展的文献，在阅读文献过程中逐渐产生一些体会，进而将主题深化，将教师专业发展和行动研究联结起来。当时只是进行了一年的研究生学习，在做学问的道路上只是刚刚起步，但自己对所选主题却是用心去体会。一段时间沉浸书海后，突然有一天产生了一种感觉，就是自己已经透彻理解了，好像这个问题尽在掌握中。接下来的日子里笔者心无旁骛地进行论文写作。初稿形成后，导师提出了修改意见，于是又进行了一段时间的修改。看第二稿时导师直接说道：“文章已成型，可以去投稿。”笔者深知能得到导师这样的评价是很不容易的，这让我对投稿有了充分的自

信。也正因为导师的肯定，在学问上初出茅庐的我将第一篇论文就定位在核心刊物上。由于当时对学术期刊还不甚了解，就到学校图书馆找了一本有核心标志的教育类刊物投稿。将近两个月过去了，笔者给编辑部发了邮件，询问稿件情况，结果是“1月已用”。寒假后笔者迫不及待地到图书馆寻找该刊，核实是否真的“已用”。当笔者发现自己的名字印在期刊上时，内心真的激动无比。笔者的《行动研究与教师专业发展》发表在《教育研究与实验》2006年第1期的事很快在学院传开，从大家的评论中我才知道这本期刊是校定一级权威期刊，能在上面发文章很不容易。我一直以“撞运”形容自己，但一次导师对我说：“虽然你那篇文章不长，但是分析得很透。”现在回忆起来，虽然那时只是一名刚上研二的学生，也是自己在论文写作、发表上的第一次摸索，很多事情懵懵懂懂。但当真正透彻理解某一问题后，便能在已有研究基础上产生创新思想。而只要论文质量达到一定水平，就一定可以让它发挥应有的作用，“小”人物也可以发表“大”论文。

所以，作者一方面要认清当前学术论文发表的形势，另一方面也不必因为形势严峻就自我放弃或怨天尤人。认清形势，分析原因，找准对策，方能在大环境中调整好自己的状态。同时提醒初涉研究者，只有不断进行学术积累，才可以写出质量越来越高的论文，在发表的道路上也就越走越顺畅。没有多少人一开始就可以非常顺利地在级别非常高的期刊上发表论文，也基本没有人的论文发表之路是一帆风顺的，即使是教授、博导也都面临被拒稿的情况，路都是一步步走出来的。所以，作者要抱着一颗平常心，在投稿的过程中注意积累经验，在论文的质量提升上下足功夫，某一次的拒稿或许就是下一次迈向成功的前奏。

二、选择合适的期刊是提高命中率的又一关键

首先，要对论文可能发表刊物的级别进行定位。为此作者写出论文后，需要对其进行自我评估，判断其真正的学术价值和写作水平，以便据此选择大体匹配的刊物级别。比如，是有可能发表在C刊或其他核心刊物上，还是只能发表在一般刊物上；是选择投给综合性刊物，还是投递给大学学报；是选择月刊，还是选择双月刊或者季刊？如此等的问题都是作者在投递前需要考虑的。除了论文质量，作者的时间要求也影响着目标刊物的级别选择。如果作者没有时间要求，可以先投往理想的刊物，若被拒稿再改投他刊。如果作者急于要将

论文发表出来，那么投往比较稳妥刊物的命中率会相对较高。

其次，要判断论文是否符合期刊选题方向。每个期刊尤其是优秀的学术期刊都有自己特定的发文领域。例如，《教育发展研究》明确指出主要从中观、宏观层面探讨教育改革与发展的热点和难点问题。那么如果论文属于教育领域中比较微观的问题探讨，如某门学科或专业的人才培养、课堂教学及评价方法等方面的文章，就不宜投往该刊——因为不符合期刊选题方向的论文往往会在审稿第一关就不能通过，遑论发表了。

再次，要确保论文与目标期刊的规范要求是相符的。作者通过查阅已发表论文或目标期刊的投稿须知，了解期刊的规范要求，如对论文字数、参考文献格式、标题、摘要等方面的规定。笔者曾经有一次向《教师教育研究》投稿，这是教师教育领域的C刊，结果初筛时文章就被拒了，连进入初审的资格都没有。面对苦心经营的论文连第一关都没通过的现实，笔者在疑惑中仔细阅读了该刊的投稿须知。这本刊物明确要求投稿论文不超过8000字，而自己的论文有一万多字，明显不符合刊物要求。后来笔者将论文字数删减到符合要求后重新投给该刊，结果就顺利地通过了初筛、初审。尽管最后论文还是没能发表，但此时的归因主要是论文质量达不到刊物要求，因而便无遗憾之说。由此可知，规范问题看似简单，却直接关乎论文评审资格及其能否发表，因此作者在投稿前首先要认真阅读投稿须知，从形式规范上确保论文与目标期刊要求相一致。否则，无论论文内容质量如何，结果都不容乐观。

最后，扩大期刊选择范围。目前国内学术期刊可分为以下四类：专业期刊、综合期刊、高校学报和党政报刊。其中专业期刊以学科专业为期刊选稿标准，注重学科专业建设，每本专业期刊都有独特的专业取向和文章定位；综合期刊融合了很多学科，设有多种栏目，注重对社会热点问题的探究；高校学报由各院校主办，多数依托本校的优势学科；党政报刊一般由党校、行政学院主办，因此他们更多地关注社会科学的应用层面，强调文章的决策参考价值。作者在投稿时往往先关注专业期刊，如果没有被理想级别的专业期刊录用就容易失去信心。其实完全可以再向综合刊物或学报等投稿，或许会有柳暗花明的效果。

除了以上常规做法外，还有一种定制式的论文写作与投稿方式——就是根据某种期刊的风格、选题方向、规范要求等量身定做地进行论文写作。这种方式写作目的很明确，论文出来后可直接投向该刊。这种论文的写作、投稿方式有很强的针对性，文章质量如果有一定保障的话，投稿的命中率相对还是较高的。例如，有段时间笔者对大学生领导力这个主题比较感兴趣，于是较广泛地搜索了相关文献资料。在查阅这些资料时，笔者发现很多有关大学生领导力的论文发表在《领导科学》这本核心期刊上，于是也产生了向这本刊物投稿的想法。仿照这个刊物的标题、摘要、参考文献等格式，笔者写了一篇《领导力教育：培育和践行大学生核心价值观的新途径》，自己评估论文质量与该刊已往发表的论文质量大体相当，于是按照期刊要求投稿，结果这篇论文很顺利地就被录用了。

此外，投稿时要注意规避对自己不利的因素。比如现在有的期刊对作者的工作单位、学历、职称、论文基金项目等有要求，还有的期刊倾向于发表本地作者的论文，一些学报所发表的论文中本校师生占比较大，等等。作者在投稿前要注意分析期刊选文中的相关因素，尽量避开那些对自己不利的刊物，以提高命中率。

三、投稿方式与注意事项也是不可忽视的重要因素

投稿的方式目前主要有三种：网络系统投稿、电子邮箱投稿和邮寄纸质稿。具体选择哪种方式，需要在投稿前根据目标期刊的要求进行。如有的刊物明确说明只接受网络系统投稿，不接受纸质稿；有的刊物说明视打印稿为正式投稿；有的刊物则明确接受电子投稿并公布唯一投稿邮箱。

从现状及发展趋势来看，越来越多的期刊采用网络系统投稿的方式。网络投稿一般只需按照期刊的系统流程完成即可，但也有些需要注意的方面。在系统投稿之前，作者需要进行注册，要保证信息准确、完整，联系电话、邮箱等重要信息千万不能出错，填写研究方向、研究领域等，尽量与所投论文研究方向或期刊某一栏目名称保持一致，以争取编辑对作者的身份认同。系统投稿设置中一般会有两种投稿方式：一步式投稿和导航式投稿，建议作者选取导航式投稿。在导航式投稿中会有系统提示，作者按要求一步步完成投稿即可，例如依次输入题目、摘要、关键词、参考文献、正文、盲审稿等。虽然一步式投稿会简化流程，但导航式投稿却会为编辑审稿带来较大便利，有利于他们抓住稿件关键信息。在网络投稿系统中，一般还会有一个给编辑写信的可选项，如果作者想突出论文的研究价值、创新观点等，可以利用此选项给编辑部简短地写一份论文研究的说明。

电子邮箱投稿目前仍被很多期刊采用，但作者使用这种方式投稿时需要注意的事项较多。首先，是邮件主题设置。有的期刊明确规定了邮件主题的格式，作者只需遵守要求即可。在没有明确的要求下，一般邮件主题设置包括“投稿+论文题目+作者”，有的还需要将所投栏目标示在邮件主题中，以方便编辑分稿。切莫以“论文”作为邮件主题进行投稿，因为对于作者来说这份材料是“论文”，但对于编辑来说所收到的材料都是“论文”，这样的题目可辨识度低。其次，所投论文使用的系统版本也是作者需要注意的。不建议使用最新的 Windows 版本，因为旧版本无法兼容新版本。如果投稿论文的系统版本为最新，而编辑的电脑系统仍采用旧版本，那就会造成论文无法打开的情况。在投稿论文堆积如山的情况下，很难要求编辑为某一篇论文进行系统升级，作者还是要将各种可能考虑在内。现在很多作者喜欢采用 PDF 格式进行文件传输。需要说明的是，如果担心格式错乱以 PDF 格式进行投稿，务必同时也发一份 word 版稿件给编辑部，为编辑后期修改做准备——因为一篇论文从投稿到最终刊发还要经过多次修改、校对，还是秉持尽量少给他人添麻烦的原则。除了邮件主题和附件外，邮件正文位置建议作者写一封投稿信。有研究者对于如何写投稿信提出以下建议：首先表明给对方投了一篇稿子，希望对方考虑能否发表。第二段是文章摘要，说明这篇文章究竟有什么内容。这部分写得好不好，直接决定文章能不能进入评审。在这一段里需要有三个要素：问题是重要的，研究是原创的，表达是清晰的。投稿信最后要声明这个稿子没有投到其他刊物，有时还要说这个论文没以任何形式、任何语言，在任何地方发表过。最后是投稿信的结尾，要表明“谢谢考虑此稿件，期待您的消息”等。①

四、投稿后与编辑部的联系也很重要

投稿后首先要确认是否已经投稿成功。现在的系统投稿和邮箱投稿很多都设有自动回复功能，收到自动回复邮件后即代表已经按照规定流程完成投稿。一般情况下，编辑也会按照工作流程进行审稿。但是毕竟是系统自动回复，如果长时间没有收到任何反馈，可以再用电话向编辑部询问一下稿件情况——因为现在很多期刊的做法是“不录用不通知”，只有作者主动联系才知道论文到底处于什么状况。而且，作者的积极联系也会让编辑感觉到投稿人对论文非常

① 李连江．不发表，就出局［M］．北京：中国政法大学出版社，2016：172-174.

在意，无形中会增加他们对论文的关注度。例如，笔者一次投稿后一个多月没有任何音讯，自己就主动打电话向编辑部询问收稿情况。编辑回应的第一句是“我们只收领导类的文章”，笔者回应说自己投稿的论文就是关于领导主题的，是注意到贵刊发表了几篇该主题的论文而特意投过去的。编辑闻讯后当即问了笔者的论文题目以及何时投稿等信息，并表示会查找并审阅一下这篇论文。大约 20 天后，笔者接到了编辑部录用的电话，很庆幸因为自己的积极主动联系而使论文多了一次被认真对待的机会。当然，随着越来越多的刊物施行系统投稿，作者可以比较方便地随时查阅审稿状态，这一步的关键在于确保让论文进入编辑的视野，犹如为论文打开一道门，起到基础性的保障作用。

确认投稿成功后，作者无非等到三种结果：拒稿、修改后再审、录用。如果被拒稿了，也无须气馁，如前所述，被拒稿是一件很正常的事。此时需要做的就是仔细分析稿子被拒的原因并改投他刊。有一些期刊会给出拒稿的理由，指出论文需要改进的地方，这对作者论文写作水平的提高无疑是有巨大帮助的。如果是修改后再审，此时编辑部会将审稿意见反馈给作者，告诉作者论文需要改进的地方。对于这些意见，作者要虚心接受，按照意见一一进行修改。对于因编辑或审稿人理解偏差等而实在无法对论文进行修改的情况，建议与编辑部进行沟通，说明原因和理由。文章修改的地方最好用其他颜色进行标注，并另写一份修改说明。在修改说明中，首先要对给论文提出意见的评审人表示感谢，指出那些意见对论文提升的帮助。其次要逐条对修改意见进行回应，在文中都做了怎样的修改。最后还要谦虚地表明学习的心态以及获得的收获。

为详细说明如何较好地应对审稿人的意见，以下分享一则笔者的投稿经历。为了研究教师领导力，笔者阅读了大量国外文献，也因此产生一个想法，就是在这些文献的基础上写一篇有关国外教师领导力的论文。笔者有意向给《外国教育研究》投稿，并从一开始就按照该刊规范进行写作。这本刊物是线上投稿，论文《共享、协作与重构：国外教师领导力研究新动向》顺利地通过了初审。外审结果是“修改后再审”，并列出三条具体的外审意见，要求笔者做出回应和完善。在提交修改稿时笔者在论文的前面附有一封回应信，在信的最上面先把专家的评审意见原文列出来，用作回应信的背景。然后在信的正文中笔者这样写道：

尊敬的评审专家：

非常感谢您的宝贵意见让我对论文有了更进一步的思考，让我对论文的思考更加全面，更加注意到论文的实践指向和写作旨意。

对于您提的三个问题，以下根据个人的理解逐一做回应。

…………

不知道这样的回答能否让您满意。在论文中的具体修改处用红色字体进行了标注，恳请批评指正！

祝好！

×××

2019. 4. 3

修改后的论文最终顺利地通过了外审和终审，并最终于 2020 年 1 月发表。为了能有更好的修改效果，笔者在动笔修改前还请别人提供参考意见，这样抓住每一个可能的学习机会，论文就向成功发表迈近一步。

如果文章是第三种情形，也就是被顺利录用了，作者无疑会非常欣慰，除了表达对编辑的感谢外，还需要在后期的校对环节中注意与编辑保持沟通。通常编辑都会非常认真地对待每一篇稿件，遵守严格的格式要求，避免漏错字和语句表达错误，确保论文信息万无一失。有时因为版面的容量，可能还需要作者进行论文字数的增减。这时作者应该遵重编辑的意见，认真查阅、核对、增删，确保信息准确、语句通顺、字词准确等。虽然这时候的修改一般都是小范围的校正，但工作也比较繁杂，通常校对两到三次，作者此时千万不要流露出不耐烦的态度。只有通力配合，才能保证论文最终见刊。现在多数期刊不会在拟录用论文后立即告知作者将在什么时间刊发，而是要作者等待排期。这个时间有时只需三个月左右，有时则需要等待一年左右。作者不妨先等待一段时间，如果迟迟不见编辑部的校对、核实通知可主动询问。但询问频次要把握，不可给编辑增添太多不必要的麻烦。

五、从编辑初审反思论文投稿

了解编辑部的审稿流程，也可以为论文投稿提供一些借鉴，让投稿有事半功倍的效果。

论文投稿后首先面对的就是编辑部的初步审核。在初步审核前有的期刊还会有一个分派稿件的流程，这时会有编辑或其他专门人员进行分稿。尤其是通过纸质投稿和邮箱投稿的期刊，会对来稿进行归类并分发给相应的编辑。在这一阶段就会有一个初筛的过程，会将一些完全不符合要求的稿件直接拒绝。相应编辑接收到任务后就会对稿件进行初步审核，也就是我们通常所说的初审。有的期刊初审和分稿是同时进行的。此阶段大体的任务就是对来稿进行初步的学术水平判断，审视选题是否与期刊相符、论文是否符合期刊规范等。如果论文在这几方面基本符合要求，大部分情况下是可以通过初审的。所以，除了要根据论文研究方向选择合适的期刊外，还要注意在投稿前尽力去调整基本规范，如果连论文的基本格式等都做不到位，论文在初审环节就会被拒之门外，也就是说论文都没有机会到达真正学术评价阶段。所谓“细节决定成败”，不要因为对这些小细节的忽视而导致论文的真正价值被湮没。

从审稿顺序看，编辑在初审时最先审阅的不是正文，而是题目、摘要、关键词和参考文献等要素，有经验的编辑通过这些方面就可以大体判断论文的质量，而对于作者通常最为关心的正文编辑往往并不最先关注。审稿任务的繁重让编辑无法细致地查看全文，他们通过题目可以看到论文的选题方向，通过摘要、关键词可以看出文章的中心内容和作者的写作水平，通过参考文献可以看出作者的阅读量和写作基础。如果只重视正文写作而忽视这些因素的质量，有可能导致论文投稿的不利结果。所以，在投稿前，一定要认真地对待论文的每一部分，尽量做到完美无缺。

以上是对论文投稿的情况分析，对于初涉研究的小赵、小钱和小孙来说，他们的论文该投给哪些期刊呢？以小孙的论文为例，大体可以按照如下步骤进行操作：

第一步，先根据论文质量进行大体定位。阅读全文后可以看到，小孙最终呈现的论文相比初稿有了非常大的进步，理论把握透彻，理论与实践有机结合，将“经验之塔”理论如何运用到小学课堂的问题论述得清楚、到位，具有较强的理论与实践意义。鉴于此，建议小孙可以将论文先投往核心及以上刊物，如若未中可再投往一般刊物。

第二步，选择具体的投稿期刊。由于核心及以上刊物数量较多，小孙该投往哪家期刊呢？这就需要分析期刊的办刊取向和风格。小孙论文主要论述的是在“经验之塔”理论指引下，应如何根据不同的教学内容选择更合适、更优化的教学媒体。经了解，《电化教育研究》就是一家以关注电化教育为取向的C刊。经过官网查询得知，该刊关注国内外电化教育理论的最新发展、电化教育研究的最新动态、中小学信息技术教育研究的最新成果等。主要的读者群体是广大中小学教师以及电化教育的科研人员。由此可见，《电化教育研究》是与小孙论文主题非常相符的刊物。此外，《现代教育技术》也是符合小孙论文主题的刊物，该刊主要围绕信息技术在教育教学领域中的应用，研究信息技术推动教育教学改革与学习质量的提升等。这两家刊物小孙都可以尝试一下，可以先选择《电化教育研究》投稿，如果未被录用再改投《现代教育技术》——因为后者相对比较容易刊发。切记不能一稿多投，包括一稿两投。

第三步，根据目标期刊要求进行投稿操作。建议小孙通过查询拟投刊物官网、纸质刊物、知网等，以便获取正规的投稿方式并按照刊物的规定进行投稿。在投稿前一定要认真查阅目标刊物的投稿须知，严格按照须知要求进行规范处理。而上述与小孙论文相符的两家刊物目前都是线上投稿，小孙只需按照操作流程进行注册并投稿即可。

第四步，关注稿件进展。投稿后需要留意是否投稿成功以及稿件进展如何。一般线上投稿可以随时查询稿件审稿状态。如果编辑部发来修改意见，应根据上文建议认真对待，尽可能尊重编辑意见并认真修改，同时在发回修改稿时附加一份修改说明，详细说明修改情况并表达感谢。如果收到编辑部的退稿通知，也没有必要灰心，诚如温斯顿·丘吉尔所言，所谓成功就是不断失败，却从不丧失信心，论文发表也是如此。可以将自己的论文继续完善后改投他刊，要坚信好的论文终会有见刊时。

任务三　学术规范

不以规矩，不成方圆。论文写作与投稿也要坚守必要的规矩，这个规矩就是学术规范。对于初学者来说，从一开始就养成遵守学术规范的习惯至关重要。学术规范是为了防范学术研究中可能出现的失误与偏差，为学术研究创造一个公平、公正、有序的环境，保障和推动学术研究持续、文明、健康地发展，增强学术共同体的凝聚力，保障学术共同体的和谐。① 学术规范对于学术活动的制度化、标准化、专业化等都具有重要价值。

① 高校人文社会科学学术规范指南［EB/OL］. http：//ac. bjut. edu. cn/gzzd/jyb/2015520/1432086177508_ 1. html.

一、学术论文写作规范

一篇论文的质量高低需要仔细品读，但一篇不符合规范的论文会让读者在阅读之初对其印象就大打折扣。所以，论文写作一定要符合规范。

（一）资料分析规范

首先要获取充分的资料，充分地占有信息才能将研究进一步推向纵深。作者（研究者）通常需要在研究与写作伊始就要尽可能收集与写作主题相关的重要著作、重要研究论文、统计材料等。只有充分占有资料，才有可能做出客观公正的评论。有些作者妄自评价自己的学术成就，轻易地认为自己填补了某项研究空白，但真实情况往往是因其没有获取一些重要资料所致。

其次要对资料进行必要的甄别，包括资料的时间、质量和真伪等。要尽量选用那些权威性的、有正规来源途径的、经得起考验的资料。同时，运用材料时也不能以偏概全，不能只采用对自己有利的材料而漠视对自己不利的材料。只要相关信息是真实的、有影响力的，都需要作者全面认识并加以论证。

第三，分析资料要科学、合理。在分析资料的过程中，作者要注意运用科学的理论和科学的分析方法，态度要严谨，分析过程要规范，不可为了证明自己论点而随意编造或增删数据。

（二）引用注释规范

引用资料不可断章取义。有的作者为了表明自己观点，刻意寻求批评的对象，把资料原文进行曲解或截取部分话语，这是不尊重已有资料的表现。无论自己要表达何种观点，都要尊重资料原作者的真实思想。

尽量获取第一手资料。一些作者查阅到了对自己论证非常有价值的信息，但该信息有时也是被引材料，这时候可以追根溯源，尽量获取第一手资料，从原始来源中查找相应信息。这样做可以有效避免人云亦云，呈现资料的本来面目，也有利于文献的进一步传播。如果实在不能获得原始资料，作者可以采用转引的方式，注释里应包括资料的直接来源和原始来源。认真对待注释格式的书写。每种文献有特定的标识，常见的有专著［M］、论文集［C］、报纸文章［N］、期刊文章［J］、学位论文［D］等。著作类文献的书写格式一般为“作者．书名［M］．出版社地址：出版社，出版年份：页码．"，期刊类参考文献可以从期刊网直接导出，切记不能自行编制格式。各类文献的书写规范详见中华人民共和国国家标准《信息与文献　参考文献著录规则》(GB/T 7714—2015)。此外，在文中标示注释时符号要上标，标号与文末注释序号保持一致。只要引用了他人的成果，就一定要清楚、真实地标示出来。

（三）行文规范

论文格式要符合规范。格式规范体现在写作的多个细节中，而这些细节恰恰可以透漏作者对写作的严谨态度。例如，论文的整体排版是否美观，各级标题、正文、图表的字体是否符合常规，章节、段落设置是否合理，关键词数量是否过多或过少等。小孙在论文初稿完成后就非常重视使论文更符合规范，修改了不少论文中的字词、语病，还对图表的设计和排版进行调整，让修改后的论文显得更为精美。

表述要规范。表述规范主要指论文写作要注意文字使用、语句表达的规范。在文字规范上，不要出现错字和容易引起歧义的字。例如，"必须"是表示"事理上和情理上必要""一定要"的意思，"必需"则表示"一定要有""不可少"之意。"首当其冲"是指最先受到攻击或灾难而不是率先做榜样的意思。还有作者喜欢用一些网络新词，如果用于其他交流或许无可厚非，但在学术论文写作中一般都不太恰当。对于一些把握不准的字词，一定要查阅字词典，不可擅自推测。在语句表达规范上，更需要字斟句酌。语法错误有时作者自己不容易发现，可以委托他人帮忙校对，确保每一句表述都符合规范。学术论文写作不同于日常聊天，也不同于其他平台的评论或报道，还要讲究表述简洁、高度概括，不能同一语意反复说明，不要旁生枝蔓，不能口语化，要使用学术性语言。

阐述要客观、理性。虽然论文写作不可避免地会掺杂作者个人的情感因素，论点的表述、调研过程等都与个人的理解和视角有关，但在论文表述时，还是要尽量保持从客观的角度对问题进行专业化表达。

（四）写作交流规范

学术交流倡导百家争鸣，容忍不同学术见解，这样才能有力地推动学术发展。在研究过程中作者可能会发现与自己观点不一致或相冲突的论点，甚至会发现错误的信息。此时作者需要明辨是非，不唯上，也不自我贬低，以事实为依据，以交流的姿态阐明自己的观点，不苛责甚至恶意诽谤他人。当自己的研究受到其他研究人员批评时也要认真听取意见，据理力争或虚心接受批评。

二、学术论文发表规范

（一）严禁一稿多投

一稿多投是有违学术道德的。一些作者鉴于现在期刊的审稿时间一般都要两三个月甚至更长，而且在漫长的等待后大多是被拒稿的结果，所以，就将一篇论文同时投给多个刊物，以期在一段时间内可以有更多的录用机会。这种一稿多投的现象是不符合学术规范的，是明确禁止的。大多数期刊在投稿须知里也明确指出“严禁一稿多投”。因为编辑选稿也要投入相当大的精力，很多编辑在本专业领域也具有较深的学术积累，通过审核的稿件倾注了编辑的专业判断和心血。一篇论文从收稿到最终录用要经过初审、外审、终审等多个环节，一稿多投除了会造成大量的人力、物力浪费，也会形成作者的失信影响。很多编辑部表示，“一旦发现一稿多投，该作者的论文永不录用”，或者“联合其他刊物将作者纳入投稿失信名单”等。所以，即使作者有自己的考量，还是要考虑到一稿多投对自己长期学术生涯的影响。因此，正确的做法及努力的方向不是将论文同时投往多家刊物以增加录用机会，而是要多下功夫让自己的论文质量变得更好。

（二）投向正规刊物

现在的刊物数量繁多，参差不齐，以致有些作者很难辨别出期刊真伪。那如何保证投稿的目标期刊是一个正规的刊物呢？可以通过官网查询辨别其真伪。最常采用的办法是通过中国知网进行检索，知网右上端有一个期刊导航，点进去后输入刊物名称，可以搜到的刊物应该是没有问题的。还可以从国家新闻出版署进行查询。打开国家新闻出版署官网，从网页下端的板块业务查询里找到期刊/期刊社查询，输入期刊名查询即可。如果搜不到该期刊，则说明它是一本假杂志。此外还要分清正刊和增刊。知网收录的增刊一般以 S 或 Z 打头，如正常刊期为 NO. 1，而 NO. S1 则为增刊。增刊也是正常出版的，只是在一些单位的科研评定中不被认可，作者也需要注意。

（三）选择正规投稿途径

不少作者在投稿前，习惯上网搜索投稿方式。互联网确实带来了很多方便，但有些不法人员利用作者想发表、想快速发表论文的心理，伪造期刊网站，假冒期刊公布非法的投稿方式，引诱一些不明真相的作者后骗取钱财，甚至截取论文移作他用。这让作者和正规期刊都深受其害。对此，作者需要到正规的渠道获取指定的投稿方式，切莫被自己的急切心理和高超的网络技术蒙蔽双眼。

怎样才能掌握正确的投稿方式呢？如果用搜索引擎的方式查找，一定要找带有官方标志的网站。期刊官网一般不会出现广告、即时聊天对话框、时间信息长期不更新等情况，如果出现这些情况，就要警惕该网站的真实性问题。最可靠的办法是到图书馆等正式场所找到投稿目标期刊的纸质版，从已出版的刊物上查寻投稿方式。在不方便获取纸质版期刊的情况下，从知网查询也是非常可靠的办法。点开知网右上角的期刊导航后，搜索到该期刊，就会看到有一项是它的版权页查询，里面有 5 页左右，包括期刊封面和目录页，从中寻找有投稿方式的一页即可。这些版权页是原版扫描件，其信息是稳妥可信的。有的作者为了寻求高命中率和快速发表，选择通过一些中介投稿，这也破坏了正常的学术秩序，一些作者为发表论文付出了高昂的代价，甚至还有一些作者因此上当受骗，导致论文发表和钱财两空的尴尬结果。

（四）杜绝抄袭和重复发表

抄袭他人论文是严重学术不端行为，一经发现必将受到严肃处理。学术研究既要延续积累又要突破创新，论文真正的价值在于其创新点。如果作者在论文写作时引用了他人观点，一定要进行标注，这是对他人研究的尊重。如果引用却不注明，就会有剽窃他人成果之嫌，引起知识产权纠纷。所以，现在一些期刊在作者投稿时直接要求提交版权协议书，里面包括没有抄袭他人成果等内容，并让作者签名。假如因抄袭他人成果而引起了知识产权纠纷，原著作者和期刊都要追究其责任。此外，个别作者为了一味追求论文发表数量，采取投机取巧之术，将相同的研究内容稍作改动，投向多家刊物。虽然没有抄袭他人成果，但是自己的论文重复发表也是学术不端行为，这种只求文章数量不求实质创新的做法造成了学术期刊资源的浪费。现在期刊在发表论文前也都进行重复率检测，一般要求严格的期刊对重复率的规定是15%或10%以下，重复率高的论文直接被拒绝。杜绝抄袭和重复发表，既是学术规范，也是学者应该具备的品德。

附录一　科学技术报告、学位论文和学术论文的编写格式（GB 7713—87）

1　引言

1.1　制定本标准的目的是为了统一科学技术报告、学位论文和学术论文（以下简称报告、论文）的撰写和编辑的格式，便利信息系统的收集、存储、处理、加工、检索、利用、交流、传播。

1.2　本标准适用于报告、论文的编写格式，包括形式构成和题录著录，及其撰写、编辑、印刷、出版等。

本标准所指报告、论文可以是手稿，包括手抄本和打字本及其复制品；也可以是印刷本，包括发表在期刊或会议录上的论文及其预印本、抽印本和变异本；作为书中一部分或独立成书的专著；缩微复制品和其他形式。

1.3　本标准全部或部分适用于其他科技文件，如年报、便览、备忘录等，也适用于技术档案。

2　定义

2.1　科学技术报告

科学技术报告是描述一项科学技术研究的结果或进展或一项技术研制试验和评价的结果；或是论述某项科学技术问题的现状和发展的文件。

科学技术报告是为了呈送科学技术工作主管机构或科学基金会等组织或主持研究的人等。科学技术报告中一般应该提供系统的或按工作进程的充分信息，可以包括正反两方面的结果和经验，以便有关人员和读者判断和评价，以及对报告中的结论和建议提出修正意见。

2.2　学位论文

学位论文是表明作者从事科学研究取得创造性的结果或有了新的见解，并以此为内容撰写而成、作为提出申请授予相应的学位时评审用的学术论文。

学士论文应能表明作者确已较好地掌握了本门学科的基础理论、专门知识和基本技能，并具有从事科学研究工作或担负专门技术工作的初步能力。

硕士论文应能表明作者确已在本门学科上掌握了坚实的基础理论和系统的专门知识，并对所研究课题有新的见解，有从事科学研究工作或独立担负专门技术工作的能力。

博士论文应能表明作者确已在本门学科上掌握了坚实宽广的基础理论和系统深入的专门知识，并具有独立从事科学研究工作的能力，在科学或专门技术上做出了创造性的成果。

2.3　学术论文

学术论文是某一学术课题在实验性、理论性或观测性上具有新的科学研究成果或创新见解和知识的科学记录；或是某种已知原理应用于实际中取得新进展的科学总结，用以提供学术会议上宣读、交流或讨论；或在学术刊物上发表；或作其他用途的书面文件。

学术论文应提供新的科技信息，其内容应有所发现、有所发明、有所创造、有所前进，而不是重复、模仿、抄袭前人的工作。

3　编写要求

报告、论文的中文稿必须用白色稿纸单面缮写或打字；外文稿必须用打字。可以用不褪色的复制本。

报告、论文宜用 A4（210mm×297mm）标准大小的白纸，应便于阅读、复制和拍摄缩微制品。

报告、论文在书写、打字或印刷时，要求纸的四周留足空白边缘，以便装订、复制和读者批注。每一面的上方（天头）和左侧（订口）应分别留边 25mm 以上，下方（地脚）和右侧（切口）应分别留边 20mm 以上。

4　编写格式

4.1　报告、论文章、条的编号参照国家标准 GB1.1《标准化工作导则标准编写的基本规定》第 8 章“标准条文的编排”的有关规定，采用阿拉伯数字分级编号。

4.2　报告、论文的构成

- 前置部分
  - 封面、封二（见 5.1，5.2　学术论文不必要）
  - 题名页（见 5.3）
  - 序或前言（见 5.6　必要时）
  - 摘要（见 5.7）
  - 关键词（见 5.8）
  - 目次页（见 5.9　必要时）
  - 插图和附表清单（见 5.10　必要时）
  - 符号、标志、缩略词、首字母缩写、单位、术语、名词等注释表（见 5.11　必要时）

- 主体部分
  - 引言(见 6.3)—1　（章）
  - 正文(见 6.4)—2
    - 2.1　（条）
    - 2.2
    - 2.3
      - 2.3.1　（条）
      - 2.3.2
        - 2.3.2.1　（条）
        - 2.3.2.2
        - ⋮
      - ⋮
    - ⋮
    - 图 1(或图 2.1)
    - 图 2
    - ⋮
    - 表 1(或表 2.1)
    - 表 2
    - ⋮
  - ⋮
  - 结论(见 6.5)
  - 致谢(见 6.6)
  - 参考文献(见 6.7)

- 附录部分(见 7　必要时)
  - 附录 A
  - 附录 B
    - B 1
      - B 1.1
      - B 1.2—B 1.2.1
      - ⋮
    - ⋮
    - 图 B1
    - 表 B1

结尾部分（见 8　必要时）{索引 / 封三、封底}

5　前置部分

5.1　封面

5.1.1　封面是报告、论文的外表面，提供应有的信息，并起保护作用。

封面不是必不可少的。学术论文如作为期刊、书或其他出版物的一部分，无需封面；如作为预印本、抽印本等单行本时，可以有封面。

5.1.2　封面上可包括下列内容：

a. 分类号　在左上角注明分类号，便于信息交换和处理。一般应注明《中国图书资料分类法》的类号，同时应尽可能注明《国际十进分类法 UDC》的类号。

b. 本单位编号　一般标注在右上角。学术论文无必要。

c. 密级视报告、论文的内容，按国家规定的保密条例，在右上角注明密级。如系公开发行，不注密级。

d. 题名和副题名或分册题名　用大号字标注于明显地位。

e. 卷、分册、篇的序号和名称　如系全一册，无需此项。

f. 版本　如草案、初稿、修订版、…等。如系初版，无需此项。

g. 责任者姓名　责任者包括报告、论文的作者、学位论文的导师、评阅人、答辩委员会主席，以及学位授予单位等。必要时可注明个人责任者的职务、职称、学位、所在单位名称及地址；如责任者系单位、团体或小组，应写明全称和地址。

在封面和题名页上，或学术论文的正文前署名的个人作者，只限于那些对于选定研究课题和制订研究方案、直接参加全部或主要部分研究工作并做出主要贡献，以及参加撰写论文并能对内容负责的人，按其贡献大小排列名次。至于参加部分工作的合作者、按研究计划分工负责具体小项的工作者、某一项测试的承担者，以及接受委托进行分析检验和观察的辅助人员等，均不列入。这些人可以作为参加工作的人员一一列入致谢部分，或排于脚注。

如责任者姓名有必要附注汉语拼音时，必须遵照国家规定，即姓在名前，名连成一词，不加连字符，不缩写。

h. 申请学位级别　应按《中华人民共和国学位条例暂行实施办法》所规

定的名称进行标注。

i. 专业名称　系指学位论文作者主修专业的名称。

j. 工作完成日期　包括报告、论文提交日期，学位论文的答辩日期，学位的授予日期，出版部门收到日期（必要时）。

k. 出版项　出版地及出版者名称，出版年、月、日（必要时）。

5. 1. 3　报告和论文的封面格式参见附录 A。

5. 2　封二

报告的封二可标注送发方式，包括免费赠送或价购，以及送发单位和个人；版权规定；其他应注明事项。

5. 3　题名页

题名页是对报告、论文进行著录的依据。

学术论文无需题名页。

题名页置于封二和衬页之后，成为另页的右页。

报告、论文如分装两册以上，每一分册均应各有其题名页。在题名页上注明分册名称和序号。

题名页除 5. 1 规定封面应有的内容并取得一致外，还应包括下列各项：

单位名称和地址，在封面上未列出的责任者职务、职称、学位、单位名称和地址，参加部分工作的合作者姓名。

5. 4　变异本

报告、论文有时适应某种需要，除正式的全文正本以外，要求有某种变异本，如：节本、摘录本、为送请评审用的详细摘要本、为摘取所需内容的改写本等。

变异本的封面上必须标明“节本、摘录本或改写本”字样，其余应注明项目，参见 5. 1 的规定执行。

5. 5　题名

5. 5. 1　题名是以最恰当、最简明的词语反映报告、论文中最重要的特定内容的逻辑组合。

题名所用每一词语必须考虑到有助于选定关键词和编制题录、索引等二次文献可以提供检索的特定实用信息。

题名应该避免使用不常见的缩略词、首字母缩写字、字符、代号和公式等。

题名一般不宜超过 20 字。

报告、论文用作国际交流，应有外文（多用英文）题名。外文题名一般不宜超过 10 个实词。

5.5.2 下列情况可以有副题名：

题名语意未尽，用副题名补充说明报告论文中的特定内容；

报告、论文分册出版，或是一系列工作分几篇报道，或是分阶段的研究结果，各用不同副题名区别其特定内容；

其他有必要用副题名作为引申或说明者。

5.5.3 题名在整本报告、论文中不同地方出现时，应完全相同，但眉题可以节略。

5.6 序或前言

序并非必要。报告、论文的序，一般是作者或他人对本篇基本特征的简介，如说明研究工作缘起、背景、主旨、目的、意义、编写体例，以及资助、支持、协作经过等；也可以评述和对相关问题研究阐发。这些内容也可以在正文引言中说明。

5.7 摘要

5.7.1 摘要是报告、论文的内容不加注释和评论的简短陈述。

5.7.2 报告、论文一般均应有摘要，为了国际交流，还应有外文（多用英文）摘要。

5.7.3 摘要应具有独立性和自含性，即不阅读报告、论文的全文，就能获得必要的信息。摘要中有数据、有结论，是一篇完整的短文，可以独立使用，可以引用，可以用于工艺推广。摘要的内容应包含与报告、论文同等量的主要信息，供读者确定有无必要阅读全文，也供文摘等二次文献采用。摘要一般应说明研究工作目的、实验方法、结果和最终结论等，而重点是结果和结论。

5.7.4 中文摘要一般不宜超过 200~300 字；外文摘要不宜超过 250 个实词。如遇特殊需要字数可以略多。

5.7.5 除了实在无变通办法可用以外，摘要中不用图、表、化学结构式、非公知公用的符号和术语。

5.7.6 报告、论文的摘要可以用另页置于题名页之后，学术论文的摘要一般置于题名和作者之后、正文之前。

5.7.7 学位论文为了评审，学术论文为了参加学术会议，可按要求写成变异本式的摘要，不受字数规定的限制。

5.8 关键词

关键词是为了文献标引工作从报告、论文中选取出来用以表示全文主题内容信息款目的单词或术语。

每篇报告、论文选取 3~8 个词作为关键词，以显著的字符另起一行，排在摘要的左下方。如有可能，尽量用《汉语主题词表》等词表提供的规范词。

为了国际交流，应标注与中文对应的英文关键词。

5.9 目次页

长篇报告、论文可以有目次页，短文无需目次页。

目次页由报告、论文的篇、章、条、附录、题录等的序号、名称和页码组成，另页排在序之后。

整套报告、论文分卷编制时，每一分卷均应有全部报告、论文内容的目次页。

5.10 插图和附表清单

报告、论文中如图表较多，可以分别列出清单置于目次页之后。图的清单应有序号、图题和页码。表的清单应有序号、表题和页码。

5.11 符号、标志、缩略词、首字母缩写、计量单位、名词、术语等的注释表

符号、标志、缩略词、首字母缩写、计量单位、名词、术语等的注释说明汇集表，应置于图表清单之后。

6 主体部分

6.1 格式

主体部分的编写格式可由作者自定，但一般由引言（或绪论）开始，以结论或讨论结束。

主体部分必须由另页右页开始。每一篇（或部分）必须另页起。如报告、论文印成书刊等出版物，则按书刊编排格式的规定。

全部报告、论文的每一章、条的格式和版面安排，要求划一，层次清楚。

6.2 序号

6.2.1 如报告、论文在一个总题下装为两卷（或分册）以上，或分为两

篇（或部分）以上，各卷或篇应有序号。可以写成：第一卷、第二分册；第一篇、第二部分等。用外文撰写的报告、论文，其卷（分册）和篇（部分）的序号，用罗马数字编码。

6.2.2　报告、论文中的图、表、附注、参考文献、公式、算式等，一律用阿拉伯数字分别依序连续编排序号。序号可以就全篇报告、论文统一按出现先后顺序编码，对长篇报告、论文也可以分章依序编码。其标注形式应便于互相区别，可以分别为：图 1、图 2.1；表 2、表 3.2；附注 1)；文献［4］；式（5）、式（3.5）等。

6.2.3　报告、论文一律用阿拉伯数字连续编页码。页码由书写、打字或印刷的首页开始，作为第 1 页，并为右页另页。封面、封二、封三和封底不编入页码。可以将题名页、序、目次页等前置部分单独编排页码。页码必须标注在每页的相同位置，便于识别。

力求不出空白页，如有，仍应以右页作为单页页码。

如在一个总题下装成两册以上，应连续编页码。如各册有其副题名，则可分别独立编页码。

6.2.4　报告、论文的附录依序用大写正体 A，B，C，…编序号，如：附录 A。

附录中的图、表、式、参考文献等另行编序号，与正文分开，也一律用阿拉伯数字编码，但在数码前冠以附录序码，如：图 A1；表 B2；式（B3）；文献［A5］等。

6.3　引言（或绪论）

引言（或绪论）简要说明研究工作的目的、范围、相关领域的前人工作和知识空白、理论基础和分析、研究设想、研究方法和实验设计、预期结果和意义等。应言简意赅，不要与摘要雷同，不要成为摘要的注释。一般教科书中有的知识，在引言中不必赘述。

比较短的论文可以只用小段文字起着引言的效用。

学位论文为了需要反映出作者确已掌握了坚实的基础理论和系统的专门知识，具有开阔的科学视野，对研究方案做了充分论证，因此，有关历史回顾和前人工作的综合评述，以及理论分析等，可以单独成章，用足够的文字叙述。

6.4　正文

报告、论文的正文是核心部分，占主要篇幅，可以包括调查对象、实验和观测方法、仪器设备、材料原料、实验和观测结果、计算方法和编程原理、数据资料、经过加工整理的图表、形成的论点和导出的结论等。

由于研究工作涉及的学科、选题、研究方法、工作进程、结果表达方式等有很大的差异，对正文内容不能作统一的规定。但是，必须实事求是，客观真切，准确完备，合乎逻辑，层次分明，简练可读。

6.4.1　图

图包括曲线图、构造图、示意图、图解、框图、流程图、记录图、布置图、地图、照片、图版等。

图应具有“自明性”，即只看图、图题和图例，不阅读正文，就可理解图意。

图应编排序号（见6.2.2）。

每一图应有简短确切的题名，连同图号置于图下。必要时，应将图上的符号、标记、代码，以及实验条件等，用最简练的文字，横排于图题下方，作为图例说明。

曲线图的纵横坐标必须标注“量、标准规定符号、单位”。此三者只有在不必要标明（如无量纲等）的情况下方可省略。坐标上标注的量的符号和缩略词必须与正文中一致。

照片图要求主题和主要显示部分的轮廓鲜明，便于制版。如用放大缩小的复制品，必须清晰，反差适中。照片上应该有表示目的物尺寸的标度。

6.4.2　表

表的编排，一般是内容和测试项目由左至右横读，数据依序竖排。表应有自明性。

表应编排序号（见6.2.2）。

每一表应有简短确切的题名，连同表号置于表上。必要时应将表中的符号、标记、代码，以及需要说明事项，以最简练的文字，横排于表题下，作为表注，也可以附注于表下。附注序号的编排，见6.2.2。表内附注的序号宜用小号阿拉伯数字并加圆括号置于被标注对象的右上角，如：×××1)，不宜用星号“＊”，以免与数学上共轭和物质转移的符号相混。

表的各栏均应标明“量或测试项目、标准规定符号、单位”。只有在无必要标注的情况下方可省略。表中的缩略调和符号，必须与正文中一致。

表内同一栏的数字必须上下对齐。表内不宜用“同上”“同左”“,,”和类似词，一律填入具体数字或文字。表内“空白”代表未测或无此项，“—”或“…”（因“—”可能与代表阴性反应相混）代表未发现，“0”代表实测结果确为零。

如数据已绘成曲线图，可不再列表。

6.4.3 数学、物理和化学式

正文中的公式、算式或方程式等应编排序号（见6.2.2），序号标注于该式所在行（当有续行时，应标注于最后一行）的最右边。

较长的式，另行居中横排。如式必须转行时，只能在+，-，×，÷，<，>处转行。上下式尽可能在等号“=”处对齐。

示例1

$$
\begin{aligned}
W(N_1) &= H_{0,1}\int_{\tau^{-1}}^{-\tau^{-1}+1} L_a^r \mathrm{e}^{-2\pi iaN_1}\mathrm{d}_a \\
&= R(N_0) + \int_{\tau^{-1}}^{\tau^{-1}+1} L_a^r \mathrm{e}^{-2\pi iaN_1}\mathrm{d}_a + O(P^{r-n-v})
\end{aligned} \tag{1}
$$

示例2

$$
\begin{aligned}
f(x,y) = f(0,0) &+ \frac{1}{1!}\left(x\frac{\partial}{\partial x}+y\frac{\partial}{\partial y}\right)f(0,0) \\
&+ \frac{1}{2!}\left(x\frac{\partial}{\partial x}+\frac{\partial}{\partial y}\right)^2 f(0,0)+\cdots \\
&+ \frac{1}{n!}\left(x\frac{\partial}{\partial x}+y\frac{\partial}{\partial y}\right)^n f(0,0)+\cdots
\end{aligned} \tag{2}
$$

示例3

$$
\begin{aligned}
-\frac{8\mu}{Nz}\frac{\partial}{\partial S}\ln Q = -\left[\left(1+\sum_1^4 z_v\right)-\frac{2\mu}{z}\right]\ln\frac{\theta_\alpha(1-\theta_\beta)}{\theta_\beta(1-\theta_\alpha)} \\
+\ln\frac{\lambda_\alpha}{\lambda_\beta} - z_1\ln\frac{\epsilon_1}{\zeta_1} + \sum z_v\ln\frac{\epsilon_1}{\zeta_1} \\
= 0
\end{aligned} \tag{3}
$$

小数点用“.”表示。大于999的整数和多于三位数的小数，一律用半个阿拉伯数字符的小间隔分开，不用千位撇。对于纯小数应将0列于小数点之前。

示例：应该写成 94　652.023　567；　0.314　325

　　　不应写成 94，652.023，567；　.314，325

应注意区别各种字符，如：拉丁文、希腊文、俄文、德文花体、草体；罗马数字和阿拉伯数字；字符的正斜体、黑白体、大小写、上下角标（特别是多层次，如“三踏步”）、上下偏差等。

示例：I，l，1，i；C，c；K，k，κ；0，0，o，（°）；S，s，5；Z，z，2；B，β；W，w，ω。

6.4.4　计量单位

报告、论文必须采用 1984 年 2 月 27 日国务院发布的《中华人民共和国法定计量单位》，并遵照《中华人民共和国法定计量单位使用方法》执行。使用各种量、单位和符号，必须遵循附录 B 所列国家标准的规定执行。单位名称和符号的书写方式一律采用国际通用符号。

6.4.5　符号和缩略词

符号和缩略词应遵照国家标准（见附录 B）的有关规定执行。如无标准可循，可采纳本学科或本专业的权威性机构或学术团体所公布的规定；也可以采用全国自然科学名词审定委员会编印的各学科词汇的用词。如不得不引用某些不是公知公用的、且又不易为同行读者所理解的、或系作者自定的符号、记号、缩略词、首字母缩写字等时，均应在第一次出现时一一加以说明，给以明确的定义。

6.5　结论

报告、论文的结论是最终的、总体的结论，不是正文中各段的小结的简单重复。结论应该准确、完整、明确、精练。

如果不可能导出应有的结论，也可以没有结论而进行必要的讨论。

可以在结论或讨论中提出建议、研究设想、仪器设备改进意见、尚待解决的问题等。

6.6　致谢

可以在正文后对下列方面致谢：

国家科学基金，资助研究工作的奖学金基金，合同单位，资助或支持的企业、组织或个人；

协助完成研究工作和提供便利条件的组织或个人；

在研究工作中提出建议和提供帮助的人；

给予转载和引用权的资料、图片、文献、研究思想和设想的所有者；

其他应感谢的组织或个人。

6.7 参考文献表

按照 GB 7714—87《文后参考文献著录规则》的规定执行。

7 附录

附录是作为报告、论文主体的补充项目，并不是必需的。

7.1 下列内容可以作为附录编于报告、论文后，也可以另编成册：

a. 为了整篇报告、论文材料的完整，但编入正文又有损于编排的条理和逻辑性，这一类材料包括比正文更为详尽的信息、研究方法和技术更深入的叙述，建议可以阅读的参考文献题录，对了解正文内容有用的补充信息等；

b. 由于篇幅过大或取材于复制品而不便于编入正文的材料；

c. 不便于编入正文的罕见珍贵资料；

d. 对一般读者并非必要阅读，但对本专业同行有参考价值的资料；

e. 某些重要的原始数据、数学推导、计算程序、框图、结构图、注释、统计表、计算机打印输出件等。

7.2 附录与正文连续编页码。每一附录的各种序号的编排见 4.2 和 6.2.4。

7.3 每一附录均另页起。如报告、论文分装几册，凡属于某一册的附录应置于各该册正文之后。

8 结尾部分（必要时）

为了将报告、论文迅速存储入电子计算机，可以提供有关的输入数据。

可以编排分类索引、著者索引、关键词索引等。

封三和封底（包括版权页）。

附录 A 封面示例（参考件）

A. 1 科学技术报告

分类号______________________密级______________________

UDC ______________________ 编号______________________

中国科学院金属研究所科学技术报告

（题名和副题名）

（作者姓名）

工作完成日期______________________

报告提交日期______________________

（出版者、地址）

（出版日期）

A.2　学位论文

分类号______________________密级______________________

UDC ______________________ 编号______________________

学　位　论　文

（题名和副题名）

（作者姓名）

指导教师姓名（职务、职称、学校、单位名称及地址）

申请学位级别__________专业名称__________

论文提交日期__________论文答辩日期__________

学位授予单位和日期______________________

答辩委员会主席__________

评阅人__________

年　月　日

附录B 相关标准（补充件）

B. 1 GB 1434—78 物理量符号

B. 2 GB 3100—82 国际单位制及其应用

B. 3 GB 3101—82 有关量、单位和符号的一般原则

B. 4 GB 3102. 1—82 空间和时间的量和单位

B. 5 GB 3102. 2—82 周期及其有关现象的量和单位

B. 6 GB 3102. 3—82 力学的量和单位

B. 7 GB 3102. 4—82 热学的量和单位

B. 8 GB 3102. 5—82 电学和磁学的量和单位

B. 9 GB 3102. 6—82 光及有关电磁辐射的量和单位

B. 10 GB 3102. 7—82 声学的量和单位

B. 11 GB 3102. 8—82 物理化学和分子物理学的量和单位

B. 12 GB 3102. 9—82 原子物理学和核物理学的量和单位

B. 13 GB 3102. 10—82 核反应和电离辐射的量和单位

B. 14 GB 3102. 11—82 物理科学和技术中使用的数学符号

B. 15 GB 3102. 12—82 无量纲参数

B. 16 GB 3102. 13—82 固体物理学的量和单位

附加说明：

本标准由全国文献工作标准化技术委员会提出。

本标准由全国文献工作标准化技术委员会第七分委员会负责起草。

本标准主要起草人谭丙煜。

附录二　部分代表性学术期刊基本情况及投稿方式[1]

教育研究

《教育研究》杂志创刊于1978年4月，是由教育部主管、中国教育科学研究院主办的全国性、综合性教育理论学术刊物。

《教育研究》始终关注教育理论的前沿问题，以刊登教育科学论文，评介教育科研成果，探讨教育教学规律，传播教育教学经验，宣传教改实验成就，开展教育学术讨论，报道学术研究动态，提供国内外教育信息为主旨，引领开展教育理论和教育实践的热点、难点问题研究，是教育类的核心学术刊物。

该刊开设的主要栏目有：教育基本理论、教育政策法规、教育管理、德育、课程与教学、考试与评价、教育经济、教育心理、教育史、基础教育、高等教育、成人教育、职业教育、特殊教育、民办教育、农村教育、教师教育、国际与比较教育、学术随笔、争鸣、访谈录、校长论坛、地方科研园地、书评、学术动态等。

该刊主要读者对象为：教学一线教师，教育研究和管理工作者，关注自身发展提高的教师，有志于教师职业的专科生、本科生与研究生，教师教育工作爱好者等。

该刊投稿方式为邮箱投稿和在线投稿。投稿邮箱地址为：jyyjqk@126.com。在线投稿网址为：http：//219.234.174.150/journalx_jyyj/Login.action；jsessionid。按照要求登录注册后即可根据规定程序投稿。

---

① 本部分内容由庄思源、许崇娟、张长英等根据期刊网站发布的数据内容编辑整理而成，包括学前教育、基础教育、职业教育、高等教育、音乐教育、书法教育等代表性学术期刊，不排除其中的信息可能有所变化，读者如需投稿及引用，建议进一步核实。

中国教育学刊

《中国教育学刊》是由中华人民共和国教育部主管、中国教育学会主办，面向基础教育的综合性学术刊物。1980 年 6 月作为中国教育学会内部工作通讯出版，1989 年经国家新闻出版总署批准公开出版发行，为大 16 开本、112 页月刊。

《中国教育学刊》定位于教育应用性研究，以“传播教育理论、推广教育经验、促进教育改革、繁荣教育科学”为办刊宗旨，针对教育改革发展中重大理论问题和现实问题开展研究，坚持理论联系实际的办刊风格。它是广大教育理论工作者所喜爱的学术园地，也是一线校长、教师提升教育专业素养、努力成长为教育家的重要平台。

其主要栏目有基础教育、德育、素质教育的理论与实践、课程改革、心理健康教育、法制与教育、教学理论与实践、信息技术教育等。

《中国教育学刊》主要面向基础教育领域的理论与实践工作者，其主要读者对象为中小幼教师、教育科研人员和行政管理干部，师范院校、教育学院、教师进修院校的师生，教育学会及其分支机构的管理与研究人员，包括学生家长在内的所有热心教育事业、关心青少年儿童成长的人士。

《中国教育学刊》是全国中文核心期刊，中国人文社会科学核心期刊和 CSSCI（中文社会科学引文索引）来源期刊。

该刊投稿方式为在线投稿。如第一次投稿，需在官网注册，登录后再进行投稿操作。此外，亦可以向该刊投递打印稿。

该刊地址为：北京市东城区鼓楼外大街 56 号教师大厦 9 层 901 室（北京 100101-158 信箱），邮编：100101；稿件查询电话：010-64264430；直线电话：010-64845699。官方网址为：www. jcse. com. cn。

教育发展研究

《教育发展研究》创刊于 1980 年，半月刊，是由上海市教育委员会主管，上海市教育科学研究院、上海市高等教育学会主办的学术期刊。

《教育发展研究》主要报道中国高等教育理论研究成果，探讨中国教育改革和发展问题，包括教育思想、教育规划、教育体制、教育与经济和社会的关系等内容。

《教育发展研究》主要设有决策参考、研究性学习、热点论丛、专题、试点、民办教育、教师发展、学校发展、学校管理、课程改革、论坛、域外、院校研究、经验分享、广角、信息平台等栏目。

该刊主要读者对象为各级教育主管部门管理人员、校长、教育科研人员、教师等。

该刊投稿方式为三种，分别为：邮箱投稿、邮政投稿以及在线投稿。该刊官网网址为：http：//www. jyfzyjzz. cn。邮箱为：jyfzyjbjb@163. com；jyfz@263. net。地址为：上海市茶陵北路 21 号；邮政编码为：200032。

教育科学

《教育科学》（双月刊）创刊于 1985 年，是由辽宁省教育厅主管、辽宁师范大学主办的教育理论刊物，为全国教育类核心期刊、中国人文社科核心期刊、CSSCI 来源期刊。

《教育科学》以马克思主义、毛泽东思想和邓小平理论为指导，为繁荣教育理论研究，促进教育科学发展，介绍和推广国内外成功的教育经验、实验和理论，继承民族教育遗产，推动教育改革和发展服务。该刊主要刊登：教育改革方面的论文及实验报告、当前社会和教育界关注的重大教育方面的问题、国内外教育理论与实践研究的最新成果。

《教育科学》的读者对象为教育科学研究工作者、教育行政管理人员、师范院校师生等。

该刊开设的主要栏目有：教育基本理论研究、课程与教学研究、教育管理研究、教师教育研究、高等教育研究、学前教育研究、职业技术教育研究、比较教育研究等。

该刊投稿方式为两种：邮递与官网在线投稿。其地址为：辽宁省大连市黄河路 850 号《教育科学》编辑部；邮编为：116029；电话为：0411-84258254；该刊官网为：http：//www. jiaoyukexue. cn. 官方建议投稿方式为邮递投稿。

教育学报

《教育学报》创刊于 1988 年，是由中华人民共和国教育部主管、北京师范大学主办的综合性教育理论期刊。《教育学报》是全国中文核心期刊、中国人文社会科学核心期刊、CSSCI 来源期刊，主要发表教育领域高水平的学术论文。

《教育学报》为综合性教育理论双月刊，注重学术性和理论性。该刊追求“繁荣教育学术、深化理论研究，让中国教育学术走进教育实际、迈入国际前沿”。办刊原则为：“拥有国际视野，关注本土教育；注重学术规范，提倡原创研究。”

《教育学报》不设固定栏目，但将根据论文的主题和内容组成若干板块。目前有课程研究与实践、教学改革园地、学科教育理论研究等板块。

《教育学报》的读者对象为：国内外教育理论工作者、教育行政管理者、教育教学实际工作者及关注教育理论问题的各界人士。

该刊投稿方式为两种：官网在线投稿以及邮箱投稿。其投稿网址有两个，分别为：http：//www. xkjy. chinajournal. net. cn/与 http：//www. jiaoyuxuebao. cn。邮箱投稿地址为：jiaoyuxuebaozztg@ 163. com。

教育理论与实践

《教育理论与实践》创刊于 1981 年，是由山西省教育厅主管，山西省教育科学研究所、山西省教育学会主办，是国内外公开发行的综合性教育学术期刊、全国中文核心期刊、中国人文社科核心期刊，在教育理论界有一定影响。该刊现为旬刊，上旬刊为全彩色印刷，主要刊登有关教育与职业方面的综合内容，中、下旬刊内文为黑白印刷，主要刊登教育研究学术论文。

《教育理论与实践》坚持四项基本原则，立足山西，面向全国，以繁荣教育科学研究，倡导教育理论和实践创新，服务教育学学科建设及教育改革和发展为办刊宗旨。

《教育理论与实践》开设的主要栏目有：教育基本理论、教育决策与管理、思想品德教育、教学理论、课程论、教育心得、比较教育、教师论坛、青年论苑、学术动态等。

该刊主要读者对象为：教育理论研究者、教师、教育管理工作者以及师范院校学生等。

该刊投稿方式为邮箱投稿以及邮递投稿。投稿邮箱为：jiaoyllysjbjb@163.com。邮递地址为：山西省太原市解放路东头道巷9号；邮政编码为：030009。

教育评论

《教育评论》创刊于1983年，原为《福建教育科研通讯》，1985年更名为《教育评论》，系内部刊物。1987年10月，转为公开发行刊物。为双月刊，双月28日出版。该刊由福建省教育科学研究所、福建省教育学会联合主办，以繁荣教育科学，探讨具有中国特色的教育理论体系，介绍国内外教育科研成果与改革动态为宗旨。

《教育评论》主要刊登中外教育理论及教育改革方面的研究成果，给读者提供了许多教育的思想理论和可供参考的有益经验，深度挖掘种种教育现象和问题背后的本质，探求教育的一些规律，有利于推动教育的改革和实践。

该刊开设的主要栏目有：教育基本理论研究、农村教育研究、课程教材教法研究、教育纵横谈、中国教育史、外国教育、教育实验、九年义务教育、教学改革与实验；农村学校教学研究、教学方法研究、现代教育巡礼、教研员沙龙、教学改革信息、教研动态等。另包含专访、书评、学术综述、学人谈治学、我与导师等栏目。

该刊主要读者对象为：教育理论研究者、教师、教育管理工作者以及师范院校学生等。

该刊投稿方式为邮箱投稿与官网在线投稿两种。邮箱地址为：JYPL87272726@126.com，官网网址为：http：//jypl.goooc.net/。

课程·教材·教法

《课程·教材·教法》杂志1981年创刊（月刊），由中华人民共和国教育部主管、人民教育出版社课程教材研究所主办，是全国教育类核心期刊、首批国家社科基金资助期刊、第二届中国出版政府奖提名奖期刊。

该刊宗旨是推动中小学课程、教材和教法的理论研究，总结和交流中小学课程及各科教材教法的经验，探讨教学理论与教学规律。

《课程·教材·教法》主要栏目有：课程研究与实践、教材评价、教学理论与方法、教师教育课程与教学、研究与借鉴、学术动态等。

该刊的读者对象为：广大中小学教师、教育科研工作者及师范院校师生等。

该刊投稿方式为三种：官网在线投稿、邮政投稿、邮箱投稿。官网投稿地址为：http：//bkstg. pep. com. cn 与 http：//www. kcjcjf. cn。邮政投稿地址为：北京市海淀区中关村南大街 17 号院 1 号楼；邮政编码：100081；各学科邮箱投稿如下表：

学　科	投稿邮箱
课程论	liuqd@ pep. com. cn
教师教育、教材论	hlyupep@ 163. com
教学论	sudl@ pep. com. cn
中学语文	yugong503@ 126. com
小学语文	kuangyn@ pep. com. cn
中学数学、生物、信息技术	libing@ pep. com. cn
小学数学	wangwh@ pep. com. cn
中小学外语	yankz@ pep. com. cn
历史、地理、政治	lijie@ pep. com. cn
物理、化学、科学	guocy@ pep. com. cn
音乐、体育、美术	rjs8982@ 126. com

江苏教育

《江苏教育》创办于 1950 年，为大 16 开月刊，是江苏省教育厅主管、江苏教育报刊总社主办的综合性教育杂志，是江苏省优秀期刊，亦被中国核心期刊（遴选）数据库、全国中文核心期刊收录。

该刊宗旨为：以智者的眼光观照教育现象，以仁者的胸襟关怀教育民生。该刊宣传国家和江苏省关于中小学教育工作的方针政策，开展教育理论、教育思想、教学观点与教育、教学实践问题的研讨，交流中小学教育教学改革的成果、信息，表彰中小学教育战线人物的先进事迹和创新精神，开辟中小学课程教学活动的科研园地，传播国内外教育信息。

该刊现有小学教学、中学教学、教育管理和职业教育四个版本。教育管理版由视点、独家策划、独家报道、名家视线、名校生长点、名校长研究、成长故事、问题讨论等品牌栏目组成；小学教学版由视点、特级教师、呼唤名家、专题、教海探航等品牌栏目组成；职业教育版由视点、独家策划、独家报道、职教研究、职教风景线、职场先锋、名校长研究等主要栏目组成。

该刊投稿方式为邮箱投稿。小学教学投稿邮箱地址为：jsjyxxjx@ 163. com；教育管理投稿邮箱地址为：jsjyjygl@ 126. com；中学教学投稿邮箱地址为：jsjyzxjx@ 163. com；职业教育投稿邮箱地址为：jsjyzyjy@ 21cn. com。

华东师范大学学报（教育科学版）

《华东师范大学学报（教育科学版）》创刊于 1983 年，为双月刊，是由中华人民共和国教育部主管、华东师范大学主办的学术性期刊，是我国高校中第一本教育科学专业类学报，也是目前在全国有着广泛影响的教育类学术期刊之一。已连续多次被国家图书馆、北京大学图书馆、中国社会科学研究评价中心等单位确定为各类“核心期刊”或“引文索引来源期刊”“评价数据库来源期刊”。

该刊坚持“学术性、权威性、探索性、应用性”的办刊原则，本着“追求真理、繁荣学术”的办刊理念和“求实创新、开拓进取”的工作态度。一以贯之地竭诚为我国学术进步服务，为学校科研发展服务，为校内外作者服务，为海内外读者服务。

该刊内容涉及教育基本理论、课程理论、教学理论、教育改革、国际发展、港台教育及教育社会学、教育经济学、教育心理学、教育技术学、教育物理学等方面，并设有“海外来稿”“专题讨论”等特色专栏，据此形成了该刊独特的学术风格。

该刊投稿方式为网上在线投稿。投稿网址为：http：//www. xb. ecnu.

edu. cn。进入“教科版投稿系统”投稿。投稿作者在在线投稿系统实名注册后，依据在线提示提交论文即可。

国家教育行政学院学报

《国家教育行政学院学报》创刊于 1994 年，月刊，是由中华人民共和国教育部主管、国家教育行政学院主办的教育管理类学术期刊，先后入选 CSSCI 来源期刊、中国人文社会科学核心期刊、全国中文核心期刊，亦是中国高教学会高教管理研究会会刊。该刊主要报道高等教育的改革与发展问题、国家教育体制改革、高等教育管理体制改革、现代大学制度建设、考试招生制度改革、教师队伍建设、高等教育资源配置、高校教学评估与人才培养、国际比较教育等内容。

该刊以“交流教育管理研究成果、推动教育管理研究、促进教育管理改革、提高教育管理水平、突出高教管理，服务教育改革与发展事业”为宗旨。注重学术性、理论性、政策性、现实性，充分利用国家教育行政学院办学资源优势，荟萃国内外知名学者和政府有关人员来院讲学的精彩报告和最新研究成果。该刊办刊原则是提倡原创、注重理论、重视本土、面向国际，交流教育管理改革的新经验、新认识及有关社科方面的新成果，关注教育管理、改革的热点和难点，引领教育管理研究的前行方向。

该刊主要设有学院讲演录、学者论坛、教育学人、书记·校长文萃、教育经济与管理、教育基本理论、学校发展战略研究、教育厅局长论坛、专题研究、考察·调研报告、国际视野等栏目。

该刊投稿方式为：邮箱投稿以及网上在线投稿。投稿网址为：http：//www. gjjyxzxyxb. cn/。投稿邮箱地址为：gjjyxzxyxbbjb@ 163. com。

中国高教研究

《中国高教研究》创刊于 1985 年，月刊，是由中华人民共和国教育部主管、中国高等教育学会主办的学术期刊。

《中国高教研究》主要报道高等教育研究领域的最新研究成果，发表具有一定学术水平的学术论文和调查报告等内容。同时，该刊还组织各种专题研究，如推进高等教育治理现代化、构建中国特色高等教育思想体系、创业教育理论与实践等研究。

《中国高教研究》主要设有高等教育理论研究、学位与研究生教育研究、评估与学科建设研究、研究与探索、教育法制研究、教师教育研究、院校研究、比较教育研究、教育经济与政策研究、高等职业教育研究、课程与教学研究等栏目。

该刊主要读者为各类高等学校的教师和干部，高教行政部门、高教科研机构、学会、研究会的干部和研究人员。

该刊的投稿方式有三种：邮箱投稿、官网投稿、纸质投稿。邮箱为：gaoyanbianjibu@ 163. com；官网为：http：//editor. hie. edu. cn；地址为：北京市海淀区学院路 35 号世宁大厦二层 217 室；邮编为：100191；电话为：010-82289795、82289809。

中国高等教育

《中国高等教育》创刊于 1965 年，当时刊名为“高教战线”。1982 年复刊，1986 年 7 月正式更名为“中国高等教育”。1999 年改为半月刊，每月 3 日和 18 日分别出版，国内外公开发行。

《中国高等教育》及时介绍高等教育研究领域的最新研究成果，发表具有一定学术水平的学术论文和调查报告。该刊作为中华人民共和国教育部创办并主管的期刊，注重权威解读和方向引领，素有“高教第一刊”的美誉。刊物始终坚持正确的舆论导向和学术导向，倡导“明学理、正视听”，关注高教重点、热点、难点问题，是高教领域理论探究和工作交流的高端平台。

《中国高等教育》开设的主要栏目有：高等教育理论研究、大学校长论坛、高等教育改革与发展、学位与研究生教育、评估与学科建设研究、探索与争鸣、高职高专教育研究、德育与思想政治工作研究等。

该刊主要读者对象为：各类高等学校的教师和干部，高教行政部门、高教科研机构、学会、研究会的干部和研究人员等。

该刊投稿方式为：邮箱投稿与邮政投稿两种。邮递地址为：北京市海淀区文慧园北路 10 号中教仪楼；邮政编码为：100082；投稿邮箱为：gdjy @ edumail. com. cn。

高等教育研究

《高等教育研究》始创于1980年，为大16开月刊，是全国高等教育学研究会会刊，由华中科技大学与全国高等教育学研究会共同主办，面向国内外公开发行。杂志社设在华中科技大学内。《高等教育研究》是中文社会科学引文索引（CSSCI）来源期刊，是权威性的高等教育学术期刊之一。

作为高教研究类综合性学术理论刊物，《高等教育研究》以“繁荣高等教育科学，促进高教改革发展”为办刊宗旨，注重学术性、前瞻性和时代性，在长期的办刊实践中形成了注重反映高教研究前沿的学术动态，大力提倡不同观点的学术争鸣，特别重视扶植中青年作者，积极加强与海外专家学者的联系等办刊特色。

该刊主要栏目有：高等教育改革与发展、教育基本理论、高等教育体制与结构、院校研究、教学理论与教学改革、德育与美育、高等职业技术教育、学位与研究生教育、高等教育史、国际与比较高等教育、探索与争鸣，以及“高等教育学科建设”等。刊登的论文具有选材面广、观点新颖、针对性强和勇于探索等特点。

该刊投稿方式为邮递投稿与邮箱投稿两种。邮递投稿地址为：武昌喻家山华中科技大学内，邮政编码为：430074；邮箱地址为：gdjyyjbj@163.com。

江苏高教

《江苏高教》创办于1985年1月，由江苏省教育厅主管、江苏教育报刊总社主办。初为季刊，现为月刊。办刊以来，《江苏高教》质量不断提高，影响日益扩大，并获得了众多荣誉：自1992年以来，历次均被评为全国中文核心期刊、中国人文社会科学核心期刊、中文社会科学引文索引来源期刊（CSSCI来源期刊），成为江苏省内为数不多的“三核”期刊；21世纪以来，多次被评为华东地区优秀期刊和江苏省“双十佳”期刊。

《江苏高教》站在高等教育学科前沿，着重从理论和实践两个方面研究、探索高等教育改革和发展的各类问题，充分发挥舆论先导、决策参谋、学术园地、信息桥梁、实践指导的作用。

该刊开设的主要栏目有：理论探讨、高教管理、教学研究、高校科研、德育天地、学生工作、学位与研究生教育、师资队伍建设、高职教育、比较高等教育等。

该刊主要读者对象为：高等教育研究工作者、高等教育管理人员、高校教师、教育学硕士和博士生等。

该刊投稿方式为邮递投稿。邮递地址为：南京市草场门大街 133 号 A 楼，邮政编码为：210036。

高教探索

《高教探索》创刊于 1985 年，是由广东省高等教育学会主办的高等教育研究学术理论双月刊。

《高教探索》是开展高等教育研究和反映高等教育改革与发展成果的综合性学术期刊，它热诚为广大读者提供全国高等教育理论研究和高等教育改革发展的最新信息。坚持科学性、专业性、理论性和前沿性，保持学术高品位。1992、1995、2000、2004、2008、2011 年连续六次被评为全国中文核心期刊，也是 CSSCI 来源期刊。

该刊设有高等教育理论研究、管理研究、发展战略研究、教育创新、课程与教学改革、比较教育、科学研究与科技开发、研究生教育、成人高等教育、职业技术教育、人文教育、高校简介、高等教育学术动态等栏目。读者对象为高教研究与管理人员、有关部门的党政干部及高校师生。

该刊的投稿方式为在线投稿与邮寄打印稿两种方式。其地址为：广东省广州市小北路 155 号广东教育杂志社总编室，邮编为：510045，电话为：020-83566017；其网址为：http：//www. gdjy. cn。

教师教育研究

《教师教育研究》创刊于 1989 年，为双月刊，是由中华人民共和国教育部主管，北京师范大学、华东师范大学、教育部高等学校师资培训交流北京中心联合主办的全国性教育科学学术 G4 类国家级教育期刊。该刊现为全国中文核心期刊、全国教育类核心期刊、中国人文社会科学核心期刊及 CSSCI 来源期刊。

该刊“倡导学术创新、促进学术交流、提高学术水平”，致力于全方位地研究解决教师教育中的理论问题和实际问题。现开设专栏：新时期教师教育体系的建构、教育创新与师范院校转型、培养模式改革、“新课程”改革与教师专业发展、资格制度与教师专业化、制度改革与创新、教育现代化与信息化等。

该刊开设的主要栏目有继续教育发展、学科教育、课程标准与教材建设、教学改革与探索、管理与评价、教改实验、教师与学生、教育心理、教育基本理论等。读者对象面向从事教师教育的教学、研究和管理工作者，适合于关注自身发展提高的各级各类教师，也适合有志于教师职业的专科生、本科生、研究生及社会其他人士。

该刊投稿方式为网上投稿。投稿作者在在线投稿系统实名注册后，依据在线提示提交论文即可。

投稿网址为：http：//gdsz. cbpt. cnki. net/EditorEN/index. aspx？ t=1。

学前教育研究

《学前教育研究》创刊于 1987 年，是由湖南省教育厅主管，长沙师范学院、中国学前教育研究会主办的面向国内外公开发行的学前教育理论刊物。从 2003 年开始改为月刊，每月 1 日出版，面向国内外公开发行，是全国中文核心期刊、全国学前教育理论核心刊物、全国教育类核心期刊、CSSCI 来源期刊。

《学前教育研究》以及时反映国内外幼教研究成果为特色，以有效指导我国幼教实践为宗旨，是我国权威的学前教育专业理论刊物。

该刊开设的主要栏目有：事业发展与管理、儿童发展与教育、游戏与玩具、课程与教学、教师发展与教师教育、家庭与社区教育、历史与比较教育等。

《学前教育研究》的主要读者对象为：幼教理论研究工作者、幼教管理工作者、各高等院校学前教育专业师生、幼儿园园长以及幼儿园教师等。

《学前教育研究》的投稿方式为在线投稿。如第一次投稿，需在官网注册，登录后再进行投稿操作。其网址为：http：//www. xqjyyj. com。

学前教育

《学前教育》创刊于1956年7月，1980年复刊，由北京师范大学出版社出版，是中国第一本全国公开发行的幼教专业期刊。几十年来，杂志一直以“幼教工作者的亲密助手，学前儿童家长的有益读物”为办刊宗旨和优良传统，以促进教师与幼儿健康成长、快乐生活为理想和目标，赢得了广大读者的肯定和追随，成为幼教工作者的必读参考。

2002年，《学前教育》改为半月刊，分为幼教版与家教版，分别针对幼教工作者与幼儿家长两类读者，办刊宗旨也拓展为“家园共育，亲子共读”，深得家长与幼儿的喜爱，更成为教师家园工作不可缺少的助手。《学前教育》作为全国教育类核心期刊，以其独特的优势和优秀的品质成功入围中国期刊“双效”期刊方阵，先后荣获华北地区十佳期刊、北京市社科优秀期刊、首届北京市优秀出版物奖“优秀期刊奖”等荣誉和称号。

《学前教育》幼教版的主要栏目有：每月话题、教研、课程、教育随笔、观念与行为、启蒙者、专题、教育诊断、人物、管理、童心、技能等。家教版的主要栏目有：每月话题、阅读故事、健康门诊、教育诊断、才智阶梯等。

该刊目前可在微信公众号“学前教育杂志社”中获得订阅消息，该刊的投稿方式详见下表：

幼教版		家教版	
栏目	邮箱	栏目	邮箱
视界、教研、家园	xqjywww@163.com	怎么办、家园面对面、阅读故事	553623191@qq.com
话题、课程、启蒙者	2955610533@qq.com	入学准备、童心物语	1916706916@qq.com
诊断、管理	xqjy202@126.com	宝贝绘本、大手小手一起做、舌尖上的幼儿园、亲子课程	993493176@qq.com
童心、技能、随笔	liyuan259@126.com	编读往来	522412098@qq.com

小学教学研究

《小学教学研究》创刊于 1980 年，为全国中文核心期刊。该刊分为“教学版”“理论版”，是“小学教师的精神家园”。杂志始终坚持正确的办刊方针和舆论导向，坚持“服务教育，传播知识，繁荣学术，创造特色”的办刊宗旨。

《小学教学研究》为旬刊，上旬刊为“教学版”，中旬刊为“理论版”，下旬刊为“新小读者”。

该刊开设的主要栏目有：创新智慧、德育纵横、优质教育、课程资源、继续教育、教学方法、新课程实践、观点争鸣、经验交流、教学研究、课堂发现、案例反思、教师随笔、班主任札记等。此外，《新小读者》开设一缕阳光、悦读故事、阳光书吧、异域链接、穿越时光、能量加油站、快乐一刻、仰望文化巨人等栏目。

该刊投稿方式为邮箱投稿与邮递投稿两种。邮递地址为：江西省南昌市抚河北路 291 号；邮编为：330008。邮箱见下表：

名　称	邮　箱
教学版	jxxxjxyj@ 163. com
理论版	jxxxjxyjlilun@ 163. com
新小读者	xxduzhe@ 163. com

职教论坛

《职教论坛》是由江西科技师范大学主办，受教育部职成司指导，面向全国公开发行的职业技术教育综合性刊物，为职教专业学术期刊，国内外公开发行，杂志发行覆盖面已遍及全国 31 个省、直辖市、自治区，是我国最具影响的职教刊物之一。

自 1985 年创刊以来，《职教论坛》坚持刊物的专业性、理论性、指导性定位，坚持为职教事业服务、为广大职教工作者服务的宗旨，注重科学性、先导性、开放性和可读性，是“全国中文核心期刊”，曾获全国优秀职教期刊一等奖、江西省优秀社会科学期刊奖、江西省十佳优秀期刊等殊荣。

该刊主要有名家视野、理论经纬、专题报道、经验交流、成人教育、职教论语、海外纵览、教坛视点等栏目。此外，通过《职教论坛》，既可以了解我国职教的当前热点、高层动态和理论走向，又可知晓职教风采、职教人物和各地快讯。

该刊的主要读者分布为：各级教育行政部门，各级教育学会（协会、研究会），职教研究所（室），各级各类职业技术学校、企事业单位的教育培训部门和各用人单位。

《职教论坛》投稿方式为两种：在线投稿与邮箱投稿。官网投稿平台网址为：http：//www. zhijiaolt. cn；投稿邮箱为：zjltzzs@ 263. net。该刊地址为：江西省南昌市东湖区红角洲学府大道 589 号职教论坛杂志社；联系电话为：0791－83847656；邮编为：330038。

中国职业技术教育

《中国职业技术教育》创刊于 1993 年，是由中华人民共和国教育部主管，教育部职业技术教育中心研究所、中国职业技术教育学会、高等教育出版社和北京师范大学共同主办的综合性中文期刊。

《中国职业技术教育》杂志以贯彻党和政府的教育方针、落实职业教育的法规政策、服务职业教育战线为己任，积极宣传职业教育的方针、政策，推动职业教育理论研究、办学经验总结、教育教学改革创新，介绍并交流全国各地职业教育方面的办学经验、发展现状、开展科研教育与探索，服务中国职业教育的改革和发展。

《中国职业技术教育》开设的主要栏目有：职教要闻、专稿专访、综合管理方略、课程教材、教研与教学、师资队伍建设、研究与探讨、职业指导、职业培训、高等职业教育等。

《中国职业技术教育》主要读者对象为：各级职教行政部门和科研机构、行业企业、各级各类职业学校以及社会职教培训机构的领导、干部和教师等。

该刊的投稿方式有三种：官网在线投稿、邮箱投稿以及邮政投稿。官网投稿网址为：http：//www. zgzyjsjy. cn；投稿邮箱为：zgzyjsjyzbjb@ 163. com；该刊邮政投稿地址为：北京市朝阳区惠新东街 4 号富盛大厦 19 层；邮政编码为：

100029；联系电话为：010-58556724。

职业技术教育

《职业技术教育》创刊于1980年，是由吉林工程技术师范学院主办的职教刊物。旨在宣传国家职业技术教育的方针政策，开展教学理论研究，介绍教学改革新鲜经验，为职教教师和教学工作者提供理论与方法借鉴。

该刊自创刊以来，以新观点、新方法、新材料为主题，坚持“期期精彩、篇篇可读”的理念，内容翔实、观点新颖、文章可读性强、信息量大，拥有众多的栏目设置，是全国中文核心期刊，在业内被公认为具有影响力的职教杂志之一。

该刊主要栏目有：职教要闻、专稿专访、综合管理方略、课程教材、教研与教学、师资队伍建设、研究与探讨、职业指导、职业培训、高等职业教育等。

该刊的主要读者对象为：教育的决策者、管理者和研究者，核心读者群是职教领域的广大教师、管理人员和研究人员等。

该刊投稿方式为邮箱投稿。投稿邮箱地址为：zyjsjybjj@ 163. com。

教育与职业

《教育与职业》杂志由我国著名教育家黄炎培先生于1917年创办，至今已有百余年历史，是我国创刊最早、历史最久的职业教育期刊，现由中共中央统战部主管，中华职业教育社主办。该刊为全国中文核心期刊和几大中国期刊网数据库全文收录期刊。杂志定位于职业教育类学术期刊，内容立足于中国教育改革和发展的实际，从民间角度出发，反映教育领域的前沿资讯，探讨当前社会关注的重大教育问题，报道教育改革方面的最新研究成果，涉及的具体领域，包括职业教育、高等教育、成人教育、民办教育、职业培训等，为教育科学研究、教育理论创新和教育改革与发展服务。

该刊主要栏目有：职业教育、成人教育、民办教育、农村教育、比较教育、教育管理、师资建设、德育研究、职业指导、职业培训、创新创业教育、课程与教学等。主要读者对象为：教育行政管理人员、教育科研人员、教育一线工作者等。

《教育与职业》投稿方式有：邮箱投稿、邮政投稿以及在线投稿三种。投稿邮箱为：zazhi1917@263.net。邮递地址为：北京市东城区永外安乐林路甲69号《教育与职业》杂志社；邮编为：100075。官网投稿网址为：www.jyyzyzz.cn。

职教通讯

《职教通讯》始创于1985年，为大16开月刊，是江苏省教育厅主管、江苏理工学院主办的职业教育综合性期刊，是中国职教界重要的主流媒体之一。该刊长期被中国期刊网、中国学术期刊（光盘版）、万方期刊数据库、维普期刊数据库、中文科技期刊数据库等全文收录并成为中国学术期刊综合评价数据库来源期刊。

创刊30多年来，《职教通讯》始终坚持“宣传职教、研究职教、服务职教、引领职教”的办刊宗旨，逐步形成了切合时代脉搏，贴近职教实际，聚焦职教热点与难点，关注职教改革与发展，融理论性、实践性、综合性于一体的办刊特色。

该刊主要栏目有：理论前沿、专题研究、职教治理、高等职教、终身教育、教师与学生、课程与教学、比较与借鉴、改革与探索、德育研究等。

该刊投稿方式为邮箱投稿。邮箱地址为：zjtx@jsut.edu.cn。

心理学报

《心理学报》（*Acta Psychologica Sinica*）始创于1956年，为大16开月刊，是全国心理学会会刊，由中国心理学会和中国科学院心理研究所共同主办，面向国内外公开发行，是中文社会科学引文索引（CSSCI）来源期刊，是权威性的心理学学术期刊之一。

该刊主要栏目有：认知与实验心理、发展与教育心理、生理与医学心理、人格与社会心理、工业与组织心理、心理统计与测量、心理学史与基本理论等栏目。刊登的论文是具有原创性的高质量研究报告和研究综述，以研究报告为主。

该刊已实行网络投稿（http：//journal. psych. ac. cn），需上传 word 文档。暂不需交打印稿。网络投稿成功后，签署投稿签名确认书和版权转让协议书（到《心理学报》官网“下载中心”下载），邮寄至编辑部。邮递地址为：北京市朝阳区林萃路 16 号院中国科学院心理研究所，邮政编码为：100101。邮箱地址为：xuebao@ psych. ac. cn。

心理科学进展

《心理科学进展》（*Advances in Psychological Science*）始创于 1983 年，为大 16 开月刊，中国科学院心理研究所主办，国内外公开发行，是中文社会科学引文索引（CSSCI）来源期刊，是权威性的心理学学术期刊之一。

办刊宗旨是反映心理学各领域的最新研究进展。主要刊登能够反映国内外心理学各领域研究的新进展、新动向、新成果的文献综述和评论以及研究简报，一是内容新，二是有独到见解。栏目有主编特邀、研究构想、研究前沿、元分析、研究方法、研究简报、博士论坛等。

本刊已实行网络投稿（http：//journal. psych. ac. cn），需上传 word 文档，无须寄送打印稿。网络投稿成功后，作者将收到编辑部分配的稿件编号。然后签署投稿签名确认书和版权转让协议书（到《心理科学进展》“下载中心”下载），并填写稿件编号和文题，邮寄至该刊编辑部。邮递地址为：北京市朝阳区林萃路 16 号院中国科学院心理研究所，邮政编码为：100101。邮箱地址为：jinzhan@ psych. ac. cn。

书法教育

《书法教育》杂志创刊于 2018 年，是经国家新闻出版署批准，由中国出版传媒股份有限公司主管，中国美术出版总社有限公司主办，人民美术出版社编辑出版。

《书法教育》杂志立足于书法教育的当下，着眼于书法教育的未来，探讨不同层次的书法教育规律，展示书法理论研究最新成果，弘扬中华优秀传统文化。

该刊主要栏目有：特别关注、观察评论、书写研究、人物春秋、师·说、特色课堂、教材研究、金石赏鉴、阳光书房、他山之石、寻碑访帖等。刊登的论文具有聚焦热点、兼顾学术与常识、勇于创新、观点新颖等特点。

该刊投稿方式为邮递投稿与邮箱投稿两种。编辑部地址：北京市朝阳区东三环南路甲 3 号 306 中国美术出版总社，邮编：100022，电话：010-67517735；邮箱地址为：zgsfjy@ yeah. net。

中国书法

《中国书法》创刊于 1982 年，是由中国文学艺术界联合会主管，中国书法家协会主办的美术、书法、雕塑与摄影类学术期刊，是中文核心期刊，为中国文联系统十佳报刊之一。

作为我国书法界权威的学术性、艺术性刊物，《中国书法》坚持“学术高端、艺术至上、风格多样、兼容并蓄”的办刊理念，一直在为当代书坛的和谐繁荣、创新发展做出积极的学术反应，不定期地举办书法篆刻学术研讨会，推介古代、近代和当代书法篆刻名家，是书法家和书法爱好者的良师益友，更是每个社会成员提高文化素质、拓展知识面、丰富阅历和培养教育子女的普及型读物。

该刊设有人物、经典、学术、关注、创作、书法广角等丰富新颖的版块和栏目，文图并茂，可使读者了解到中国书法历史传承、古今书法名人大家、历代经典作品和当今书法文化发展现状及发展趋势，具有很高的思想、知识、艺术和信息含量。

该刊投稿方式为邮箱投稿。邮箱地址为：cnshufa@ 163. com，编辑部电话：010-65389765。

音乐研究

《音乐研究》创刊于 1958 年，为双月刊，是由中国出版传媒股份有限公司主管、人民音乐出版社有限公司主办的音乐理论学术期刊。已连续被国务院学术委员会艺术学科组、中国社会科学院文献信息中心、北京大学图书馆、南京大学中国社会科学研究评价中心（CSSCI）等学术评定机构认定为全国中文（艺术类）核心期刊。

该刊以“学术质量一流、编校质量一流、印装质量一流、服务质量一流”为目标，秉持时代性、学术性、广泛性、民族性理念和时刻相随的读者服务意识，致力于研究中国传统音乐艺术，关注中国国内外音乐学术最新发展，提供音乐理论研究学术资讯。

该刊目前主要设有研究论文、争鸣、译文、书评、动态、短论、综述等栏目。

该刊的投稿方式为邮箱投稿。投稿邮箱地址为：yyyj@ rymusic. com. cn。

人民音乐

《人民音乐》创刊于 1950 年，为月刊，是由中国文学艺术界联合会主管、中国音乐家协会主办的音乐艺术理论刊物。

该刊对音乐艺术和音乐文化进行研究和探讨，对音乐演出及各种音乐活动进行报道和评论。是北京大学中文核心期刊要目总览来源期刊、CSSCI 中国社会科学引文索引来源期刊，被中国科技论文与引文数据库、中国知网、万方数据知识服务平台收录。

该刊设有特稿、特别报道、环球风采、乐海钩沉、音乐厅、表演艺术、随笔、音乐传真等栏目。

该刊的投稿方式为邮箱投稿。投稿邮箱地址为：rmyy1950@ 126. com。

全球教育展望

《全球教育展望》创刊于 1972 年，为月刊，是由中华人民共和国教育部主管、华东师范大学主办、教育部普通高等学校人文社会科学重点研究基地华东师范大学课程与教学研究所承办的学术期刊。该刊系中文社会科学引文索引（CSSCI）来源期刊和全国教育类核心期刊。

该刊贯彻“教育要面向现代化、面向世界、面向未来”的方针，立足于中国的教育实际，有选择地反映当代国际教育界和教育学术界的新思潮、新成果、教育改革的新战略，学校教育和教学研究的新动向，为促进中国的教育改革，发展中国的教育科学服务。

该刊主要关注国际教改战略、课程理论与政策、教学理论与技术、考试与评价制度改革、教师教育改革等五个领域。长期设置课堂转型、核心素养、儿童研究、普通教育与职业教育的融合、中考高考改革、中国传统课程等专栏。

该刊投稿方式为网上投稿与邮箱投稿。投稿邮箱地址为：qqjyzwbjbtg@163. com。网上投稿网址为：http：//wgjn. cbpt. cnki. net。

比较教育研究

《比较教育研究》创刊于1965年，月刊，是由中华人民共和国教育部主管、北京师范大学主办的学术期刊。《比较教育研究》现为国家社科基金资助期刊、CSSCI来源期刊、全国中文核心期刊、中国人文社会科学核心期刊。

该刊宗旨为：向教育工作者介绍各国教育情况，对中国以外其他国家的教育情况进行研究，以便促进中国教育的发展，加强中外教育比较和中国比较教育学科建设，提高学术研究水平。

该刊设教育方针政策与比较研究、普通教育、高等教育、职业技术教育、师范教育、当代教育、教学理论和学派的研究比较、重要教育论文等栏目，适合广大教育理论工作者、教育决策和管理者、各级各类教师、大专院校学生和广大关心教育的各界人士阅读参考。

该刊投稿方式为网上在线投稿。投稿网址为：http：//bjjy. cbpt. cnki. net。投稿作者在在线投稿系统实名注册后，依据在线提示提交论文即可。

外国教育研究

《外国教育研究》于1974年创刊，月刊，系中华人民共和国教育部主管、东北师范大学主办的国际与比较教育学科专业学术刊物。该刊现为全国教育类核心期刊、中国人文社会科学引文数据库来源期刊、中国社会科学引文索引（CSSCI）来源期刊、中文科技期刊数据库（SWIC）来源期刊。

该刊主要介绍外国的教育理论和制度，初等、中等、高等、职业技术和学前教育的内容与方法，教育改革、教育科学研究方面的动态；发表新学科等方面的专题研究成果，刊登学术情报资料等。可供教育领导部门、高等院校师生、中小学教师、幼儿教育工作者、各类职业教育工作者及教育研究人员参考。

该刊设有外国教育理论、思潮及流派、外国中小学教育、职业教育、高等教育、教师教育、课程与教学论、学校道德教育、农村教育及教育改革动向等栏目，并以东北亚教育为重要栏目，密切为我国教育改革与发展服务。

该刊投稿方式为网上在线投稿。投稿网址：http：//wgjy. cbpt. cnki. net/EditorDN/index. aspx？t=1。投稿作者在在线投稿系统实名注册后，依据在线提示提交论文即可。

参考文献

一、中文文献

［1］李连江．不发表，就出局［M］．北京：中国政法大学出版社，2016.

［2］刘电芝．教育与心理研究方法［M］．修订版．合肥：安徽教育出版社，2011.

［3］刘钧，才立琴．如何写论文［M］．北京：机械工业出版社，2020.

［4］刘锡庆．基础写作学［M］．北京：人民教育出版社，2007.

［5］王铁楠．心理学研究方法：从选题到论文发表［M］．北京：中国人民大学出版社，2020.

［6］王雨磊．学术论文写作与发表指引［M］．北京：中国人民大学出版社，2017.

［7］熊浩．论文写作指南：从观点初现到研究完成［M］．上海：复旦大学出版社，2019.

［8］杨继成，陈艳春．专业技术人员科技论文写作［M］．北京：中国人事出版社，2010.

［9］袁方，王汉生．社会研究方法教程［M］．北京：北京大学出版社，1997.

［10］袁玥．教师微型课题研究指南［M］．上海：华东师范大学出版社，2011.

［11］张红霞．教育科学研究方法［M］．北京：教育科学出版社，2009.

［12］张静．社会学论文写作指南［M］．第2版．上海：上海人民出版社，2018.

［13］张明．大学写作基础［M］．西安：西安交通大学出版社，2017.

［14］周传虎．学术论文写作与发表指南［M］．北京：中国人民大学出版

社，2019.

［15］周淑敏，周靖．学术论文写作［M］. 北京：清华大学出版社，2018.

［16］庄西真，如何做职业教育研究［M］. 苏州：苏州大学出版社，2013.

［17］马克思．摩尔根《古代社会》一书摘要［M］. 中国科学院历史研究所翻译组，译，北京：人民出版社，1965.

［18］［美］加里·金，罗伯特·基欧汉，悉尼·维巴．社会科学中的研究设计［M］. 陈硕译，上海：上海人民出版社，2014.

［19］［美］唐纳德·A. 舍恩．反映的实践者：专业工作者如何在行动中思考［M］. 夏林清，译．北京：北京师范大学出版社，2018.

［20］［美］约翰·杜威．我们如何思维［M］. 王文印，译．成都：天地出版社，2019.

［21］［美］约翰·W．克雷斯威尔．研究设计与写作指导：定性、定量与混合研究的路径［M］. 崔延强主译，重庆：重庆大学出版社，2007.

［22］［日］斋藤孝．写作全技术［M］. 程亮，译．南昌：江西人民出版社，2018.

［23］陈兴良．论文写作：一个写作者的讲述［J］. 中外法学，2015（1）.

［24］劳凯声．教育研究的问题意识［J］. 教育研究，2014（8）.

［25］张积玉．学术论文分类初探［J］. 陕西师范大学学报：哲学社会科学版，1993（4）.

［26］朱志勇．教育研究方法论范式与方法的反思［J］. 教育研究与实验，2005（1）.

［27］罗苹．马克思的个体自主性思想［N］. 光明日报，2015.

［28］王永建．从反面来思考［OB/EL］. https：//xueshu. baidu. com/usercenter/paper/show？ paperid = 16a0ad6ec4b1171a5c70916abb77c547&site = xueshu_ se.

［29］写作中的创新到底该怎么做？［EB/OL］. http：//www. cjmn. net/article/content/view？ id=7501.

二、外文文献

[1] Aaron Wildavsky. *Speaking Truth to Power: The Art and Craft of Policy Analysis* [M]. Boston: Little Brown, 1978.

[2] Jill M. Aldridge, Barry J. Fraser & Tai-Chu Iris Huang. Investigating classroom environments in Taiwan and Australia with multiple search methods [J]. *The Journal of Educational Research*, 1999 (1).

[3] Richard H. Ackerman & Sarah V. Mackenzie. *Uncovering Teacher Leadership: Essays and Voices from the Field* [M]. Thousand Oaks: Corwin Press, 2007.

后　记

因工作所需，去年年初我调至目前的教育学院，岗位性质也发生了相应改变——从过去的专职科研岗调整为现在的教学科研岗。所谓教学科研岗，顾名思义就是既要承担教学工作，又有科研的任务。根据安排，我承担了“写作基础”本科课程的教学。尽管有多年的教学经验，但教授这门课程还是第一次，所以思想上丝毫不敢怠慢，像对待所有未知领域的做法一样，查阅了大量的相关教材和著作，认真学习，做先生之前先做好学生，在此过程中就有了新的发现：在目前可见的关于写作的出版物中，存在着几多几少现象——谈写作的著作多，但针对大学生这一特定群体的著作少；谈文学类和应用类文体写作的多，针对学术论文写作的著作少；谈人文社科类写作的多，针对教育学术论文写作的少。联想到自己的求学经历，尽管一路断断续续、跌跌撞撞，但总算也读到了博士。在读书期间和工作之后也陆续发表了一些文章，其中有读大学时候的诗歌小说，也有读硕、读博期间以及工作之后的学术论文，数量虽不算太少，但基本上都是“摸着石头过河”，更多的是跟着感觉走，质量自然就谈不上有保障。究其原因，当然与自己生性愚笨、才疏学浅脱不了干系，似乎也与长达十多年的本科、硕士和博士求学生涯中没有接受过这方面的专门训练有一定关联。现在想来，如果在求学期间能够接受学术论文写作的专门训练，或者其时自己能找到谈论写作的专门教材或著作阅读学习，是不是能少走弯路，写作的水平和质量也能有所提升呢——因为虽然有“文无定法”之说，但“从事写作，就像农民种田、工人做工一样，都是一种熟能生巧的技能”。既然学术论文写作具有“技能”的特点，除了反复操练之外，有规律性的东西应该可以总结提炼进而能够把握。本着这样的思路，心里就念想着今后做一做这方面的探讨，有机会的话写一点这方面的文章或者编撰这方面的书籍。

说来也巧，其时我所在的教育学院的小学教育专业有幸被评为江苏省一流本科专业，申请师范类专业二级认证也获得认可，于是大家干事的劲头更足了，从事专业建设的干劲也更大了，除了积极申报各类课题、踊跃撰写专业论文、筹划召开学术会议之外，主编一套具有自身特色的系列丛书的计划也提上了议事日程。这个公共的事务计划与我之前的个人念想竟然不谋而合，如果能实现岂不两全其美：于公为专业建设做了贡献，于私实现了之前的小小念想。更为关键的是，这样做可以让后来者不要重走我曾经的跌跌撞撞的论文写作摸索之路，从而更为顺畅地行走在学术研究与论文写作的康庄大道上。说干就干，于是利用寒假草拟了写作提纲，根据自己的观察和了解，邀请了三二同事加盟，经过大家几次三番共同商议，最终确定了本书的基本理念、写作思路和框架要领。

为区别于已有的同类著作，本书在以下几方面做了创新尝试。第一，理念新。我们认为，作为一项兼具理论性、技能性与艺术性等综合性特征的写作活动是有一定规律和技巧的，通过行动导向的项目学习可以使初学者能够较好地了解进而掌握这些规律和技巧，因而全书将学术论文写作视作一个整全的“项目”进行总体设计并展开论述。第二，内容新。全书既有对已有论文写作理论和经验的有效借鉴与吸收，更有我们对学术论文写作的初步理解和感悟体会，特别是基于我们对学术论文写作的实践来组织内容，同时书中选用案例均源自我们自身在教学和工作中的实践场景——当然是经过适当加工处理后的场景和对象人物。第三，形式新。全书借鉴项目化的形式呈现内容，即按照我们对学术论文这一“项目”的理解，根据从事这个“项目”加工的程序和节点，将其分解成一个个具体的子项目，包括写作及其要素，认识学术论文，怎样选题，如何分析文献，如何收集数据，如何分析、呈现与讨论研究结果，学术论文写作，以及学术论文发表与学术规范等。在明确每个项目目标基础上，按照整个项目实施的顺序呈现内容。换言之，理想的情况下，只要完成了全书所有项目的阅读和学习，掌握了各个项目的知识和技能，就能掌握学术论文的写作要领，进而完成一篇学术论文的写作。与此同时，我们还借助情境教育的理论，设置了学习这门课程的具体情境，从基础的“什么是写作”问题始，到“学术论文发表”止，将学习的全过程——同时也是写作的全过程展示出来，以期达到学临其境的效果。

本书是集体智慧的结晶，由我提出初步框架，研讨确定后大家分头撰写，成稿后再由我统稿。各部分的具体分工如下：项目一、项目二（李德方），项目三、项目四（俞冰），项目五、项目六（张长英），项目七、项目八（孙杰）。本书的附录内容主要由我的三位学生搜集、整理并完成，他们是庄思源、许崇娟、张钰明。

最后要说的是感谢。首先要感谢江苏理工学院党委书记朱林生教授，作为一名学者型领导，他的博学、睿智和豁达给我们留下了深刻印象。教育学院有幸得到他的联系指导，使我们能够在过去良好积淀基础上，顺应高等教育和教师教育发展的大势，不断攀越新的高峰。当我们将出书计划和设想向他汇报并请他支持时，他慨然应允并拨冗作序，使我们的出版计划有了最为坚实的保障，也使本书增色良多。感谢本书所有撰写者，她们都是“术业有专攻”的年轻博士，曾在哈佛大学、北京大学、苏州大学等国内外名校学习进修，也曾在包括《教育研究》在内的核心期刊发表过学术论文。尽管日常教务事务家务繁忙，但当我邀约时，她们都无一例外地欣然接受并挤出时间较好地完成了各自承担的撰稿任务，用实际行动诠释了新时代年轻学者的专业与敬业。感谢硕士研究生庄思源、许崇娟同学和张钰明、王亚琴、董媛媛等本科生同学，作为00后新生代的代表，思维活跃、积极进取、尊敬师长等是他们给我最为鲜明的印象。感谢苏州大学出版社刘诗能编辑，曾有的愉快合作的经历，使我对他的认真、谨严与专业深信不疑，本书呈现的面貌是这个过往结论的又一个新证。书中引用了许多研究成果，尽管我们竭尽所能地按照规范进行了标注，但挂一漏万，对因记忆等方面局限而未能注明却可能参考过的成果的所有者，在此一并致谢。本书得到江苏省一流本科专业——小学教育专业建设经费的资助，在此也说明并致谢。

行文至此，照例是到了全书的收尾阶段了，也应该是身心放松且感到些许愉悦的时候了。但奇怪的是这种先前几次出书的相同感受并没有出现，相反的是心里更加忐忑。这一方面是缘于丑媳妇即将见公婆的不安，更为关键的原因或许是我们不自量力地选择这个主题——“怎样写文章”的惶恐——因为这个主题应该是各个领域的学界泰斗与大师能做的工作，抑或是著述颇丰且有广泛影响力的名家所为，像我们这些名不见经传的凡夫俗子怎能写这种主题内容的书呢——这样的质疑或疑惑一定会在这本书面世后层出不穷。然而转念一想，本书与其说是我们共同撰写的，不如将其看作我们学习学术论文写作的过程再现，这样我们也就能有机会得到更多方家的指正。如此想来，心里也就释然许多。当然，如果读到本书的诸君能够从中得到一些启发，进而有助于自己在校期间抑或工作中的论文写作，则幸莫大焉。

李德方

2020 年 8 月于龙城寓所